GW00693992

PATAGONIA

EL TERRITORIO
DE LA
AVENTURA

Roberto Hosne

PATAGONIA

EL TERRITORIO
DE LA
AVENTURA

LUGAR EDITORIAL

907.2   Hosne, Roberto
HOS   El territorio de la aventura: Patagonia.- 1ª ed.-
       Buenos Aires: Lugar, 2003.
       96 p.; 28 x 20 cm.

       ISBN 950-892-159-5

       I. Título - 1. Investigación Histórica

Diseño de tapa y diseño de interior: María Laura Sica

©2003, Roberto Hosne.

Queda prohibida la reproducción total o parcial de este libro, en forma idéntica o modificada y por cualquier medio o procedimiento, sea mecánico, informático, de grabación o fotocopia, sin autorización de los editores.

ISBN: 950-892-159-5
© 2003 Lugar Editorial S. A.
Castro Barros 1754 (1237) Buenos Aires
Tel/Fax: 4921-5174 / 4924-1555
e-mail: lugared@elsitio.net

Queda hecho el depósito que marca la ley 11.723
Impreso en la Argentina – Printed in Argentina

EL TERRITORIO DE LA AVENTURA

Pocos lugares en el mundo incitan a la fantasía como la Patagonia. Desde el desembarco de Hernando de Magallanes se insinuó como un ambito propicio para la conquista y la aventura; requirió de protagonistas intrépidos y sagaces para explorar lo que por entonces se consideraba el fin del mundo. Además, debían enfrentar una naturaleza implacable, batida por un intenso y perpetuo viento, mesetas tan áridas como infinitas, costas extensas y desoladas y temperaturas con oscilaciones extremas.

Era un destino signado por la adversidad: las violentas tempestades, las fuertes correntadas provocaron tantos naufragios en el estrecho de Magallanes y sus accesos que lo señalaron como el más grande cementerio náutico de la época. Eran frecuentes las muertes en acción: ya fuere en los enfrentamientos con los indígenas, por sublevaciones y motines que estallaban dentro de las embarcaciones, combates armados contra adversarios o piratas, o simplemente alguien que caía de lo alto de un mástil o mientras ceñía velas, o desaparecía en el mar arrastrado por el vendaval.

Cada travesía en las naves de entonces, que semejaban "cáscaras de nuez", significaba un reto a la muerte. Por eso, cuando un marino embarcaba debía hacer testamento y sólo al regresar, ya en tierra, se lo daba nuevamente por vivo.

Por diferentes motivos, entre ellos el excesivo rigor o el maltrato que capitanes u oficiales imponían a las tripulaciones, el trabajo extenuante o demoras inexplicables en el arribo a destino, padeciendo hambre, sed y enfermedades (con frecuencia el escorbuto), llegaron a provocar sangrientos motines. Se contaban los días, las horas, y sólo se ansiaba llegar, ver tierra...

Podía pensarse si la incursión por esos remotos confines tenía resultados tan dramáticos y fatales, ¿para que frecuentarlos? Pero ocurrió que pocos años después que Magallanes descubriera el estrecho, es decir, el acceso al Pacífico inaugurando una nueva ruta hacia las Molucas, las codiciadas islas de la Especiería, conmueve a España y a Europa un nuevo descubrimiento: los valiosos

Algunos cartógrafos de la época de la conquista imaginaban los mares recién descubiertos como hábitat de peces con formas y dimensiones fantásticas, algunos provistos de alas.

yacimientos de oro y plata en el Perú. Y para trastornar aún más a conquistadores y aventureros se instalan otros dos mitos de irresistible seducción: Trapalanda y la Encantada Ciudad de los Césares, imaginarias poblaciones radiantes de tesoros, inconmensurables riquezas, naturaleza pródiga y otros dones que hacen a la felicidad definitiva de los hombres. El primer mito, durante la escala de Magallanes en San Julián, surgió del descubrimiento de "gigantes", según narró Antonio Pigafetta, cronista de la expedición, en su libro *Primer viaje en torno del globo*.

Hernando de Magallanes

Los conquistadores

El 31 de marzo de 1520, fondea en una bahía patagónica la flota que comanda Hernando de Magallanes; el sitio donde desembarcan es bautizado San Julián y, según comunica el almirante a sus subordinados, allí invernarían y llevarían a cabo las tareas de mantenimiento de los barcos, para reanudar luego su derrotero hacia el Oriente.

La expedición, integrada por cinco naves y 266 tripulantes había zarpado del puerto español San Lúcar de Barrameda el 20 de setiembre de 1519, con el objetivo de hallar un paso del Atlántico al Mar del Sur (Océano Pacífico) y

En San Julián, Magallanes conjuró una sublevación, hizo construir un cadalso y ordenó la ejecución de conspiradores.

llegar a las islas de la Especiería (Molucas). Este itinerario, propuesto por el navegante portugués Hernando de Magallanes —al servicio del emperador Carlos V—, intentaba trazar una nueva ruta al Oriente dentro de aguas jurisdiccionales españolas, para asegurar a la península la provisión de especias, sedas, azúcar, porcelanas y otros productos, por lo que el monarca le dio decididamente su apoyo.

Recién desembarcado en San Julián, Magallanes debió enfrentar el alzamiento de una parte de la tripulación y ordenar la ejecución de los cabecillas del motín. El descontento se originó entre otros motivos, por la negativa de Magallanes a dar explicaciones acerca del derrotero de la flota, por su autoritarismo y su obstinación en desoír las opiniones de los capitanes españoles, que sugerían invernar más al norte reparando las naves en un puerto más apropiado, y por la imposición de un severo racionamiento de la comida y el vino.

Luego de conjurar la sublevación, logra su propósito e ingresa victoriosamente al Pacífico a través del estrecho que llevaría su nombre, registrando la mayor proeza náutica de la época, que culminaría con la primera circunvalación náutica del mundo.

Antonio Pigafetta, apuntó en su libro:

"Transcurrieron dos meses sin que viéramos ningún habitante del país. Un día, cuando menos lo esperábamos, un hombre de figura gigantesca se presentó ante nosotros. Estaba sobre la arena casi desnudo y cantaba y danzaba al mismo tiempo... echándose tierra sobre la cabeza. El capitán (Magallanes) envió a tierra a uno de nuestros marineros con orden de hacer los mismos gestos, en señal de paz y amistad, lo

La existencia de los "gigantes" patagónicos causó estupor entre los europeos. Esta ilustración del libro de John Byron "Viaje alrededor del mundo", muestra a un marino ofreciendo galletas a los nativos.

Cubierta del libro "L'arte del navegar" de Pedro de Medina, impreso en 1555 en Venecia, considerado como una de los textos de navegación más antiguos. Amsterdam, Museo naval.

Los mares australes, azotados por vientos furiosos y violentas tempestades, provocaron una gran cantidad de naufragios, convirtiéndose en un temido cementerio naval.

Cuando un marino embarcaba tenía que hacer su testamento y únicamente a su regreso, al descender de la nave y pisar tierra, se lo daba por vivo. Los naufragios eran muy frecuentes y numerosas las muertes que provocaban. Pero también podía ocurrir que desapareciera en medio de una tormenta, caer de lo alto de un mástil mientras ceñía velas o fallecer a causa del escorbuto, entre otras calamidades.

que fue bien comprendido por el gigante (...) Dio muestras de gran extrañeza al vernos y levantando el dedo, quería sin duda decir que nos creía descendidos del cielo. Este hombre era tan grande que nuestra cabeza llegaba apenas a su cintura".

Era intención de Magallanes llevar a España dos cautivos jóvenes y bien formados, pero *"...viendo que era difícil prenderlos por la fuerza se valió de la astucia siguiente: les dio una gran cantidad de cuchillos, espejos y cuentas de vidrio, de manera que tuvieron las dos manos llenas; en seguida les ofreció dos grillos de hierro, de los que se usan para los presos y cuando vio que los codiciaban (les gusta extraordinariamente el hierro) y que, además, no podían cogerlos con las manos, les propuso sujetárselos a los tobillos para que se los llevasen más fácilmente; consintieron, y entonces se les aplicaron los grillos y cerraron los anillos, de suerte que de repente se encontraron encadenados. En cuanto se dieron cuenta de la superchería se pusieron furiosos, resoplando, bramando e invocando a Setebos, que es su demonio principal para que viniese a socorrerlos".*

Las indias que observaban la escena pudieron escapar, pero en la lucha uno de los marineros quedó malherido; como represalia, los marinos incendiaron la choza ocupada por los aborígenes a pesar de que se habían mostrado muy afables con los visitantes.

La primera leyenda que originó la Patagonia fue la que aludía al gigantismo de sus habitantes. Pero la que le siguió, fue la que movilizó por casi tres siglos alucinadas expediciones, codiciosas y trágicas búsquedas de las imaginadas Trapalanda y la Encantada Ciudad de los Césares, desbordantes de metales preciosos y fulgurantes tesoros, ansiadas fuentes de la felicidad eterna donde los habitantes tenían a su disposición todo lo que necesitaban para ser dichosos y poderosamente ricos.

A partir del descubrimiento del Estrecho de Magallanes se organizaron varias expediciones con destino a las islas de la Especiería, pero ese derrotero se hizo más frecuentado y tentador cuando a partir de 1533, Francisco Pizarro, conquista el Perú y descubre los yacimientos de oro y plata, cuyo anuncio conmueve a España.

Ya se rumoreaba en la Península que en América los metales preciosos abundaban y que solamente bastaba ir para hallarlos.

Las sucesivas expediciones tendrían un trágico desenlace: la que continuó a la de Magallanes, en 1525, al mando de García Jofre de Loaisa, compuesta por seis barcos y cuatrocientos cincuenta tripulantes, terminó en una terrible frustración y ninguna de las naves pudo regresar a España, ya fuese porque naufra-

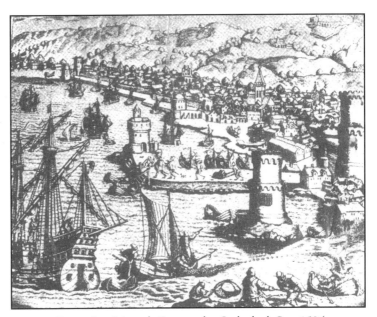

Puerto San Lúcar de Barrameda. Grabado de Boy, 1594.

gó o porque fue abordada.

La siguiente expedición, cuyo jefe era Simón de Alcazaba, zarpa de España en 1534 con dos naves y doscientos cincuenta hombres. Fondean en un punto de la costa del Chubut, que bautizarían Puerto Leones y luego de intentar sin éxito ingresar en el estrecho, rechazados por vientos huracanados y una intensa tempestad, regresan a Puerto Leones planeando llegar a Chile por tierra.

Muchos náufragos lograron salvar sus vidas y llegar a la costa, protagonizando episodios insólitos, recorriendo travesías legendarias o morir asesinados por los nativos, cuando no conviviendo con ellos. Otros enloquecieron o murieron por inanición.

Casa de Contratación en Sevilla

En el trayecto se sucedieron motines y represalias, la marcha se hizo extenuante y más de ciento cincuenta hombres murieron de hambre, agotamiento o enfermedades. Alcazaba es asesinado por los amotinados, aunque estos últimos son finalmente doblegados por oficiales leales. Una nave logró regresar a Santo Domingo y de los doscientos tripulantes que salieron de España solamente sobrevivieron alrededor de cien.

En agosto de 1539 zarpó de Sevilla la flota del Obispo de Plasencia, integrada por tres naves y una tripulación convencida que desembarcaría en una comarca colmada de oro, plata y piedras preciosas. Solamente un barco, capitaneado por Alonso de Camargo, atravesó el estrecho y arribó al Perú. Otra nave, cuyo capitán era Francisco de Rivera, zozobró, pero

Antonio de Cobos y Pedro Oviedo, náufragos de la expedición organizada por el obispo de Plasencia llegaron a Concepción, Chile, y dijeron que habían descubierto una ciudad refulgente en oro, desbordante de tesoros fabulosos, enmarcada por paisajes deslumbrantes. La llamaron Trapalanda y se convirtió en la primera leyenda que despertó la codicia de los conquistadores ansiosos por hallar otro Perú.

sus ciento cincuenta marinos pudieron llegar a tierra. La tercera nave, comandada por Gonzalo de Alvarado, intentó rescatarlos pero las aguas agitadas por la tormenta la alejaron hasta el pasaje Le Maire, regresando finalmente a España en 1540.

Diecisiete años más tarde, en 1557, llegan a Concepción, Chile, Antonio de Cobos y Pedro de Oviedo, al parecer únicos sobrevivientes de los ciento cincuenta náufragos de la nave capitaneada por Rivera; dijeron que después del frustrado rescate de Alvarado se dirigieron caminando hacia el norte, flanqueando a la cordillera. Ante el asombro de quienes los escuchaban afirmaron haber conocido parajes encantadores, de indescriptible belleza, poblado por nativos que disponían de todo tipo de riquezas. Dijeron que a los 41 grados de latitud, hacia el norte, habían descubierto una ciudad todavía más rica, presuntamente erigida por incas fugados del Cuzco, llamada Trapalanda.

Era una ciudad enorme, junto a un bello lago y con un paisaje excepcional, con clima agradable y pobladores muy buenos y amables. No había enfermedades ni muertes, no faltaba nada a nadie, lo cual la convertía en un paraíso.

El relato de estos dos hombres provocó una gran conmoción, dando pábulo a la leyenda de Trapalanda, que se prolongó por más de dos centurias, exacerbando la imaginación de conquistadores y aventureros ambiciosos cualquiera fuere su linaje o condición social. Se organizaron expediciones y búsquedas febriles y alucinantes inspiradas en esta quimera.

En 1604 Hernandarias partió de Buenos Aires y llegó hasta el Neuquén en una extensa y agotadora travesía por áridos desiertos, tratando de ubicar a la mitológica Ciudad de los Césares. La expedición estaba integrada por ochocientos soldados, ochenta carretas y mil caballos. El clima caluroso, agobiante y las escaramuzas con los indios lo obligaron a regresar, convencido que la Ciudad de los Césares estaba más lejos de lo que pensaba pero sin dudar de su existencia.

Francis Drake, en escena

Ante tanto oro y plata que cargaban hasta el tope los barcos españoles para transportarlos desde el Perú hasta la Metrópoli, no podía estar ausente el más voraz de los piratas. En diciembre de 1577 el célebre y temible Francis Drake zarpa del puerto de Plymouth con una flota de cinco barcos y ciento sesenta y dos tripulantes, con un hermético secreto ya que Inglaterra estaba en buenas y pacíficas relaciones con España y el propósito de Drake era justamente abordar los barcos españoles y adueñarse de sus valiosas cargas.

Después de cinco meses de navegación llegan a un sitio de la costa patagónica que el inglés Drake llamaría "Bahía de las Focas". Reanudan la navegación y recalan en San Julián, decidiendo invernar en el mismo lugar que cincuenta y ocho años antes lo hiciera Magallanes y, tal como ocurriera entonces, el cadalso que mandara a erigir el descubridor del estrecho es utilizado. Esta vez, para ejecutar al capitán Thomas Doughty, acusado de amotinamiento.

En agosto de 1578 Drake atraviesa el estrecho en dieciséis días,

Francis Drake, pirata que desveló a los españoles, regresó a Inglaterra con el Golden Hind cargado de metales preciosos y tesoros obtenidos en feroces abordajes y sangrientos saqueos en las costas del Pacífico.

El pirata Cavendish, al atravesar el estrecho de Magallanes, halló en Rey Felipe un cuadro desolador. Alguien colgaba de la horca y según su maestre Francis Pretty, el resto de los moradores "murieron como perros en sus casas, y vestidos, y así los encontramos a nuestra llegada (...) el pueblo estuvo terriblemente inficionado por el hedor de la gente muerta". Llamaron al villorrio Port Famine (Puerto Hambre).

un tiempo récord que se prolongó por mucho tiempo. Al entrar en el Pacífico cambia el nombre de su barco *Pelikan* por el de *Golden Hind.*

Navega rumbo al norte y llega hasta California, cometiendo tal cantidad de abordajes y saqueos, que aterroriza a los españoles asentados en las costas del Pacífico. Demostró tanta pericia para la navegación como para ejercer una efectiva piratería.

Fue el primer inglés que efectuó la circunvalación del globo y cuando regresó a Inglaterra con valiosos tesoros obtenidos en feroces saqueos y abordajes, deslumbró a la reina y a los magnates que financiaron su expedición.

A raíz de esta devastadora incursión, los españoles deciden proteger a sus asentamientos en la costa del Pacífico y el estrecho, encomendando a Pedro Sarmiento de Gamboa el emplazamiento de la defensa,

En febrero de 1584 al mando de una expedición, Sarmiento de Gamboa arriba al estrecho con cinco barcos y quinientos treinta y ocho tripulantes; funda "Ciudad de Nombre de Jesús", próxima a Cabo Vírgenes, en medio de un tiempo borrascoso, trazando la planta urbana y distribuyendo parcelas donde se levantan algunas viviendas de barro y arbustos, el ayuntamiento y una iglesia. La gente debe soportar un frío extremo, sin ropas de abrigo ni mantas, padeciendo, además, la escasez de alimentos. Ante una situación tan depresiva, que entristecía y desanimaba a la gente, Sarmiento de Gamboa decide internarse

Estrecho de Magallanes, tupidos bosques a orillas del río Sedger. Dibujo de E. de Berard.

en el estrecho para fundar otro poblado en un sitio menos hostil. Zarpa con cincuenta tripulantes, mientras que un centenar de colonizadores marcharon a pie recorriendo un trayecto que les demandó unos quince días, durante los cuales debieron defenderse de los reiterados ataques de los indios.

A la nueva fundación Sarmiento de Gamboa la bautiza Ciudad Rey Felipe; construyen un cerco, un pequeño fuerte, una iglesia y viviendas con maderas del lugar, pero en cuanto a la provisión de alimentos el suelo no es generoso. Surge un descontento entre la gente, estalla un motín que Sarmiento de Gamboa logra conjurar, mandando ahorcar a los cabecillas; de inmediato regresa navegando a Nombre de Jesús en busca de provisiones. Intenta desembarcar en Cabo Vírgenes pero la tempestad se lo impide, arrastrando la nave tan hacia

Los galeones podían ser mercantes o de guerra y tener tres o cuatro palos. Constituían las naves de gran porte que España enviaba a algunos puertos de Indias. Los galeones de guerra ingleses fueron decisivos en la batalla de 1588, derrotando a la Armada española.

el norte que finalmente fondea en Río de Janeiro. Desde allí solicita a España ayuda para los que aguardaban en el estrecho... pero ese auxilio nunca llegó.

Decide embarcarse rumbo a la Península y el barco en el que viaja es abordado, en 1856, por el corsario Walter Raleigh quien lo lleva cautivo a Inglaterra. A pesar de que viaja en calidad de prisionero es tratado con consideración y luego de desembarcar es recibido por la reina Isabel, que lo deja en libertad y, por su intermedio, envía un mensaje a Felipe II.

Al atravesar suelo francés es apresado por el vizconde de Bearn y liberado recién cuatro años después, cuando su captor cobra el rescate solicitado. Vuelve a España enfermo y envejecido, abatido por tantas adversidades y, carente de toda información; escribe al rey, en noviembre de 1591, suplicando ayuda para los pobladores del estrecho, a los cuales suponía aún en pie, pero no obtiene respuesta. De todas maneras, en el estrecho no quedaba nadie con vida.

Un día de enero de 1587 tres mujeres y quince hombres, últimos sobrevivientes de la expedición de Sarmiento de Gamboa, aguardaban en la boca del estrecho por alguna nave salvadora hasta que, alborozados, estallando en llantos y gritos, agitando los brazos, divisan velas en la lejanía.

gaba su única esperanza de salvación.

¿Qué pudo haber motivado esa desconsiderada actitud de Cavendish?

La repentina aparición de vientos favorables, lo cual no era muy frecuente dado que generalmente soplaban en dirección contraria obstaculizando el ingreso al estrecho —se dijo— decidieron a Cavendish a aprovecharlos para continuar navegando, dejando de lado el salvataje de las diecisiete personas que esperaban por su rescate.

Zona de Puerto Deseado, acuarela de Del Pozo, 1789.

Era la flota del pirata inglés Tomás Cavendish, que había zarpado de Plymouth en julio de 1586 y luego de navegar frente a la costa patagónica fondea en el mismo sitio donde desembarcó Drake, quien había llamado al paraje Bahía de las Focas y que Cavendish rebautizaría "Desire", el nombre de su nave, que se perpetuó como Deseado.

Cuando se acercaba al estrecho avista al grupo de mujeres y hombres, cuyo aspecto era lastimoso; tres españoles subieron al *Desire* clamando auxilio y mientras uno quedó a bordo, dos fueron en busca de los que ansiosamente esperaban en tierra, pero cuando estos se aprestaban a embarcar, la nave de Cavendish empezó a alejarse. Estupefactos, veían como se apa-

Tomé Hernández, el único español que subió a bordo del *Desire* fue el que relató más tarde este trágico episodio.

Cavendish remontó el estrecho y fondeó en Rey Felipe sin hallar a nadie, salvo a unos ejecutados pendiendo de la horca. Francis Pretty, macstre del *Desire,* refiriéndose al resto de la gente, abatida por el hambre y las enfermedades, apuntó: *murieron como perros en sus casas, y vestidos, y así los encontramos... mientras el villorrio estaba terriblemente inficionado por el hedor de la gente muerta.*

Cavendish ordenó a sus hombres aprovisionarse de agua y leña, incautarse de las armas y cañones y destruir e incendiar el poblado, que rabautizó Port Famine (Puerto Hambre).

El último sobreviviente de la expedición de Sarmiento de Gamboa es rescatado por la *Delight of Bristol*, capitaneada por el pirata Andrés Merrick, en enero de 1590. La nave había recalado en Deseado para reparar averías y cuando se dirigía al estrecho, avistan y rescatan al español. Las tormentas huracanadas castigan al barco y quince tripulantes desaparecen. Cuando anclan para efectuar refacciones son atacados por los indios y mueren otros siete marinos. Se desencadena una violenta

Curiosa visión de Merian, en un grabado de 1655. En la desembocadura del río Delgado pueden verse naves ancladas, choiques (ñandúes) y guanacos moviéndose sin sobresaltos, mientras unos tripulantes cazan pingüinos y, aparentemente, lobos marinos. Algunos hombres se aprovisionan de agua dulce y otros, observan el esqueleto de un patagón gigante.

Isla Pictón, región en la que se vivieron trágicos episodios Litografía de M. y N. Hanhart.

tempestad y se traga a treinta tripulantes; estalla un motín y Merrick se ve obligado a regresar a Europa. En el trayecto mueren él y el español y cuando la nave arriba al puerto de Cherburgo, del centenar de tripulantes con los que la *Delight of Bristol* había zarpado en 1589 de Plymouth, solamente seis quedaban con vida.

La atracción del oro

El Estrecho de Magallanes facilitaba el acceso a los puertos del Perú, desde donde se embarcaban los encandilantes metales preciosos con destino a España, lo cual constituía un poderoso imán para la piratería de todas las banderas. Los ingleses, con sus reiterados saqueos se habían convertido en una grave amenaza para los españoles, pero también lo fueron los holandeses.

En junio de 1598 una flota holandesa al mando de Jacobo Mahu navega hacia los mares australes; el escorbuto, el hambre y los combates con naves españolas e inglesas la van diezmando. Mue-

re Mahu y lo sustituye Simón de Cordes quien se ve en dificultades para cruzar el estrecho, en tanto las bajas por enfermedades, congelamientos y desapariciones van en aumento, lo que obliga a las naves a dispersarse. Solamente queda en el estrecho la *Geelof* cuyo capitán, Sebald de Weert, ancla en un refugio.

En setiembre de 1598 zarpa de Amsterdam Oliver Van Noort, con cuatro embarcaciones y un año después fondea en Deseado, donde se dan a la caza de lobos marinos, pingüinos y pájaros. En un encuentro con los indios mueren tres holandeses y otra cantidad igual de bajas les producen un mes después, los nativos del estrecho. Como represalia asesinan a toda una tribu. A los pocos días se cruzan con la *Geelof,* nave que se aprestaba a unirse a Van Noort pero como éste se niega a suministrarle algún alimento a la hambrienta tripulación capitaneada por Sebald de Weert, este último se aleja disgustado.

Van Noort ingresa al Pacífico y navega frente a las costas de Chile, Perú y América Central, cometiendo saqueos y abordajes cuya ferocidad semejaba a Drake.

De Weert regresa a Holanda y no tarda en divisar unas islas a las que llama "Islas de Sebald de Weert", las que sin embargo no puede explorar por carecer de una embarcación chica para bajar a tierra; refiere la posición correcta y para los holandeses serían las islas "Sebaldines" (Malvinas). El barco continúa su derrotero y fondea en Gorée, a dos años de su partida, con solamente treinta y seis de los ciento cinco tripulantes con los que había zarpado. Pero fue la única de las cinco naves que integraban la flota de Mahu, que pudo volver a su puerto de origen. De las otras, jamás se supo qué suerte corrieron.

En junio de 1615, bajo el mando de Guillermo Schouten viaja al estrecho la expedición holandesa de la Compañía Austral, compuesta por los barcos *Hoorn* y *Concordia,* viajando como jefe mercantil Jacobo Le Maire. Recalan en Deseado e imprevistamente se incendia la *Hoorn;* reacondicionan la única nave que les queda y zarpan, pero la correntada los desplaza hacia el este, donde localizan a las "Sebaldines" (Malvinas), y luego a la isla Grande de Tierra del Fuego. Siguen navegando y avistan otra isla que llaman "Tierra de los Estados", en homenaje a los Estados de Holanda y descubren el estrecho que divide a una de otra isla y lo denominan "Le Maire".

A continuación llegan al Cabo de Hornos (bautizado Cap Hoorn, como la ciudad homónima holandesa y también en recuerdo de la nave incendiada). Fueron precursores en surcar esos lejanos mares australes.

Inquietud española

El nuevo acceso al Pacífico a través del Cabo de Hornos descubierto por la expedición Schouten-Le Maire, estremeció a los españoles ya que hasta entonces sólo se podía acceder a ese océano navegando por el Estrecho de Magallanes, que estaba bajo su dominio.

Galeones esmeradamente construidos y muy bien artillados (Monleón).

Para confirmar la existencia de ese paso envían a dos expertos y eficientes marinos, los hermanos Bartolomé y Gonzálo de Nodal, con dos naves recién construidas y bien equipadas. Circunnavegan Tierra del Fuego, atraviesan el estrecho Le Maire, arriban al Cabo de Hornos, descubren una isla que llaman "Diego Ramírez" y luego de cruzar el Estrecho de Magallanes, regresan a España con información cartográfica de gran utilidad.

Las acechanzas contra el dominio hispano no tendrían pausa.

Habían transcurrido dos siglos desde el viaje de Magallanes y la colonización de la Patagonia no se materializaba. El primer objetivo de los españoles consistió en hallar el acceso que los condujese a las islas de la Especiería, luego los encandiló el descubrimiento de los yacimientos de oro y plata del Perú, que enriqueció a España y atrajo sobre el Estrecho de Magallanes a los más temibles corsarios de la época. Hacían escala en las costas patagónicas para invernar o guarecerse y reparar sus naves; y seguidamente se disponían para el abordaje de los barcos que transportaban los metales preciosos o para el asalto a las las posesiones hispanas en el Pacífico. Algunos se aprovisionaban en las Molucas (islas de la Especiería) de especias y otros productos, lo cual incrementaba sus utilidades si habían tenido éxito con los abordajes o saqueos, o por lo menos cubrían los gastos de la incursión y arrojaban alguna ganancia con la venta.

Los desvelos españoles para fortificar la región estaban encaminados a proteger sus cargamentos de metales preciosos en el trayecto a la Metrópoli. Originariamente no proyectaban colonizar la Patagonia, pero se vieron en la necesidad de buscar alguna solución para conjurar los solapados intentos expansivos de los ingleses, las incursiones francesas, que finalmente terminarían por establecerse en las Malvinas, u otros merodeadores como los holandeses, que pretendían establecer bases en el Pacífico.

Pesaba negativamente en el ánimo de los españoles la trágica incursión colonizadora de Sarmiento de Gamboa, pero por sobre todo gravitaba la idea de que la región era primordialmente provechosa como fuente de recursos producidos por la obtención del oro y la plata.

La Ciudad de los Césares

En 1528 surge el mayor de los mitos, la leyenda de la quimérica Ciudad de los Césares. Sebastián Caboto encomienda al capitán Francisco César, secundado por

ROBERTO HOSNE

Las fortalezas construidas en la bahía de Corral, sobre el Pacífico, protegían el acceso a la ciudad de Valdivia y resguardaban la ruta al Virreinato del Perú. Su proximidad con el estrecho de Magallanes le conferían una gran importancia estratégica; las balas de los cañones del Fuerte de Niebla se cruzaban con las de los cañones de los fuertes de Amargos y Corral. El armamento cubría diferentes ángulos lo que aumentaba su poder ofensivo. Narborough, como otros corsarios, intentaron sin éxito ingresar a la bahía.

diecíseis soldados, ir a la búsqueda de la tan mentada Sierra de la Plata (que dio su nombre al río), ... *para descobrir las minas del oro é plata é otras riquezas que hallasen.*

Meses después, César regresó exhausto al Fuerte Sancti Spiritu con menos de la mitad de los hombres, refiriendo que había oído ciertas "noticias" acerca de una ciudad pletórica de tesoros, que desde entonces fue llamada Ciudad de los Césares.

Se movilizaron expediciones en las que participaron conquistadores, soldados, aventureros y sacerdotes. La leyenda acicateó la codicia de personajes relevantes como Hernandarias, que partió en 1604 desde Buenos Aires con ochenta carretas, mil caballos y ochocientos soldados. Probablemente llegó

En 1764 Luis Antonio Bougainville zarpó de Saint Malo al mando de dos naves con la misión de establecerse en las islas Malvinas, nombre derivado de Malouines, por Saint Malo. Transporta colonos, herramientas, armas , provisiones y animales. El cronista de la expedición, el fraile benedictino Dom Pernetty narró en su Histoire d'un voyage, las alternativas de esa colonización, finalmente frustrada.

HISTOIRE
D'UN VOYAGE
AUX ISLES MALOUINES,
Fait en 1763 & 1764 ;
AVEC
DES OBSERVATIONS
SUR
LE DETROIT DE MAGELLAN,
ET SUR
LES PATAGONS,
Par *DOM PERNETTY*, *Abbé de l'Abbaye de Burgel, Membre de l'Académie Royale des Sciences & Belles-Lettres de Prusse ; Associé Correspondant de celle de Florence, & Bibliothécaire de Sa Majesté le Roi de Prusse.*

NOUVELLE ÉDITION.
Refondue & augmentée d'un Discours Préliminaire, de Remarques sur l'Histoire Naturelle, &c.
TOME PREMIER.

A PARIS,
Chez { SAILLANT & NYON, Libraires, rue Saint-Jean-de-Beauvais ;
DELALAIN , Libraire, rue & à côté de la Comédie Françoise.

M. DCC. LXX.
AVEC APPROBATION ET PRIVILEGE DU ROI.

hasta Neuquén, atravesando áridos e interminables desiertos en medio de la mayor desolación, agobiados por una marcha agotadora soportando también fríos intensos y calores sofocantes, en ocasiones faltos de agua y soportando embestidas de los indios. Por último decidieron regresar al Río de la Plata pero no por haber descreído de la quimera, sino por suponer que estaba más lejos de lo que calculaban y no estaban en condiciones, en esa expedición, de continuar adelante.

Desde Chile también salieron expediciones a la búsqueda de la mitológica ciudad; una de ellas encabezada por Francisco de Villagra, que regresó sin haber hallado los ansiados tesoros pero se resarció, en cambio, transportando un gran cargamento de sal. Otra incursión extenuante y accidentada hasta Neuquén fue la que partió de Córdoba al mando de Luis de Cabrera, hijo del fundador de esa ciudad, que volvió desencantado.

Diego Ponce de León, partiendo de Chile, cruza la cordillera y busca en vano los imaginarios tesoros y, a modo de rencoroso desquite por la frustración, secuestra y lleva cautivos para someterlos a trabajos forzados a los indios que los soldados hallan a su paso.

Por tal causa se produjeron sangrientas sublevaciones y el sacerdote Rosales, a pedido del gobernador de Chile repatria a los indios y logra cierta pacificación.

A orillas del Nahuel Huapi el sacerdote Nicolás Mascardi funda en 1669 una reducción y, según algunas referencias, hizo cuatro incursiones para hallar la Ciudad de los Césares; en 1673 habría muerto en un ataque de los indios poyas. En 1704 reconstruye la misión el jesuita Felipe van der Mere, conocido como Padre Laguna, quién esparció semillas de manzano en una amplia extensión, conocida luego como "País de las manzanas".

En agosto de 1810 un malón asoló San José incendiando el poblado, la iglesia, matando al cura, al cirujano y a trece soldados. Fue una respuesta vengativa por las tremendas palizas que les propinó un comandante español.

Los ingleses en Puerto Deseado

El hecho de que las relaciones entre Inglaterra y España registraran momentos apacibles o cordiales, no impedía que los ingleses merodearan por los mares australes con la pretensión de establecer alguna base en la Patagonia. En 1669, una expedición al mando del capitán John Narborough, integrada por las naves *Sweepstake* y *Batchelor Pink* y cien tripulantes, arriba con el aparente objetivo de practicar un reconocimiento de las costas patagónicas y estudiar la idiosincrasia aborigen.

Narborough, a bordo de la *Sweepstake*, fondea en Deseado y espera en vano a la otra nave, la que justamente transportaba materiales e implementos para construir un apostadero naval que en el futuro sería utilizado por los barcos ingleses que se desplazaran por esos mares. Después de una inútil espera de la *Batchelor Pink* el capitán se impacienta y decide cumplir con el objetivo central de su plan: declarar la soberanía de su rey Carlos II sobre "Port Desire" y la región que la enmarca. En una formal ceremonia enarbola la bandera británica y ordena disparar salvas para celebrar la extensión territorial del imperio.

Entretanto, estableció contacto con los tehuelches, midió a varios de ellos y llegó a la conclusión de que eran de estatura normal y no los gigantes que referían antiguas versiones.

Decepcionado, Narborough enfila hacia el Pacífico sin haber podido construir el apostadero naval porque la *Batchelor Pink*, que transportaba los materiales, nunca apareció. Aparentemente incurrió en deserción porque a su regreso a Inglaterra, alegando que la *Sweepstake* naufragó omitió informar que habían acordado que si el mar las separaba, debían encontrarse tanto en Deseado como en San Julián, donde Narborough esperó en vano algunos meses. Dos años después arribó a Inglaterra debiendo admitir el fracaso de su misión.

Vecinos de Patagones conversan con indios araucanos, según Alcides D'Orbigny, luciendo sus vestimentas típicas. Al fondo puede distinguirse la torre del fuerte

Tardía colonización

Habían transcurrido más de dos siglos desde el desembarco de Magallanes en San Julián y la colonización de la Patagonia no se materializaba. El principal objetivo español, en un comienzo, era hallar un acceso del Atlántico hacia el Pacífico y arribar a las islas de la Especiería (Molucas); años después los estremeció el descubrimiento de los yacimientos de oro y plata en el Perú, lo que atrajo sobre el estrecho de Magallanes a los más audaces piratas de todas las banderas, muchos de los cuales recalaban en la costa patagónica para invernar o guarecerse.

Torre del fuerte de Patagones
en su primitivo emplazamiento.

Los proyectos españoles para fortificar la región estaban encaminados a proteger sus cargamentos de metales preciosos durante el trayecto a la Metrópoli y no a establecer colonias pero el reino debió modificar su estrategia cuando acrecían las amenazas inglesas, holandesas y francesas con inequívocos propósitos expansivos.

Se establece en Malvinas un contingente francés, de hecho la primera colonia en las islas bautizadas Malouines por Louis Antoine de Boungainville, en recordación de Saint Malo, puerto de donde zarpó en 1764 con las naves *L'Aigle* y *Sphinx.* El asentamiento se hizo en un sitio que llamaron Port Louis, radicándose gradualmente alrededor de ciento sesenta colonos que exportaban a Francia aceite y pieles de lobos marinos, además de implantar algunos cultivos.

Sin embargo, por imposición de la corona española dado que las Malvinas estaban dentro de su jurisdicción, Francia debió abandonar las islas tres años después pero percibiendo una indemnización que España acordó en compensación por los gastos e inversiones que efectuaron los franceses durante su establecimiento.

El gobernador del Río de la Plata Francisco de Paula Bucarelli recibe órdenes del rey de España para ejercer una cuidadosa vigilancia en aguas y costas patagónicas, ante las amenazantes incursiones inglesas y francesas.

Pero el suceso que más alarmó al reino español fue la aparición en Inglaterra, en 1774, del libro del jesuita Thomas Falkner, titulado "Descripción de la Patagonia y partes contiguas de la América del Sur", donde expresaba:

"Si a una nación cualquiera —dígase Inglaterra— se le antojase poblar esta tierra sería asunto de tener a los españoles en continua alarma... todo esto se podría hacer con el mayor sigilo; así que el lugar podría poblarse y ocuparse por años, sin que se advirtieran de ello los españoles."

El rey Carlos III ordena establecer nuevos poblados en la amenazada Patagonia para impedir cualquier asentamiento extraño y para controlar la creciente incursión de balleneros extranjeros. Con destino a la Patagonia se embarcan en La Coruña Juan de la Piedra, jefe de la expedición, y Antonio de Viedma, tesorero, al frente de una flota compuesta por cuatro naves y doscientos treinta y dos tripulantes, entre los que se cuentan soldados, colonos, familias de artesanos, frailes y un cirujano. Además de cañones, lanzas, espadas y arcabuces, transportaban bueyes, caballos, carpas, arados, picos, palas, azadas y semillas.

Llegan al Golfo de San José en enero de 1779 y por decisión de Juan de la Piedra se instalan en el istmo y construyen el Puerto San José y el Fuerte de la Candelaria. La medida es criticada por la gente y Francisco de Viedma objeta la elección por ser el lugar árido y arenoso donde solamente crecen espinas y malezas.

Entretanto los capitanes Basilio Villarino y José Ignacio Goycoechea parten a efectuar relevamientos y cuando regresan informan sobre las exploraciones efectuadas en San Antonio y las desembocaduras de los ríos Colorado y Negro. En ausencia de Juan de la Piedra, que había zarpado con destino a Buenos Aires en busca de mayor apoyo, Francisco de Viedma luego de escuchar las referencias acerca de la ubicación del río Negro, no dudó en alistar dos naves y trasladar a parte de la gente fundando la Colonia de Nuestra Señora del Carmen (Patagones).

Carmen de Patagones. Dibujo de Alcides D'Orbigny.

Doña Eustaquia Miguel de Rial, durante el combate contra los invasores brasileños permaneció en las murallas del fuerte junto con otras mujeres, tocadas con gorros colorados, simulando ser soldados para hacer creer al enemigo la existencia de una tropa numerosa.

El comandante del fuerte, coronel Martín P. Lacarra, organizó la defensa de Patagones con una compañia de ciento cincuenta soldados de infantería, un escuadrón de caballería de cien hombres, un piquete de artillería y doscientos corsarios, en su mayor parte extranjeros.

Queda en San José su hermano Antonio con una nave y la dotación que ya debería haber estado en San Julián; después de cinco meses de infructuosa espera cunde el descontento y por último deciden regresar a Buenos Aires. La mayoría de los ciento cincuenta que regresan están enfermos y previamente ya habían sido enterradas veinticuatro personas. Quedan en San José veinticinco hombres al mando del teniente Pedro García.

Al poco tiempo una nave desembarca en San José veinticuatro caballos y treinta y seis vacunos. Los indios, que ya habían robado caballos y vacunos observaban con codicia los animales recién desembarcados, y fue a causa del asedio indígena que con anterioridad los españo-les, a modo de defensa, cavaron una profunda zanja en la parte más angosta del istmo que no impidió que en 1808 un malón se alzara con casi toda la hacienda. Pero la tragedia final se produjo en agosto de 1810.

Durante la celebración de una misa los indios, en ululante malón, irrumpen y arrasan con todo; incendian la iglesia y lancean o acuchillan a quien se atreviera a enfrentarlos. Matan al cura, al cirujano y a trece desdichados más. Diecinueve hombres son llevados prisioneros y los atacantes, luego de saquear viviendas y depósitos, incendian el villorrio.

Los prisioneros fueron repartidos entre varios caciques; cinco de los cautivos, conducidos por veinte tehuelches, en un descuido de éstos se posesionan de un cuchillo, una espada, dos fusiles y un asador y con toda la furia reconcentrada atacan sorpresivamente a sus captores, matándolos a todos. Seguidamente emprenden el viaje al Carmen.

Otro prisionero español logró escapar cuando los indios lo dejaron al cuidado de un cacique atacado por la viruela. Cuando aquellos se alejaron, el cautivo abandonó al jefe tehuelche y regresó a San José donde vería en todo su horror el saldo de la tragedia provocada por el malón. Sólo sobrevivió un perro que el evadido llevó consigo, luego de esperar inútilmente durante un año el paso de alguna nave. Caminó durante un mes antes de llegar a Patagones.

La corona española, ante la imposibilidad de organizar y establecer colonias en la Patagonia ordena levantar todos los asentamientos de la región con excepción de Carmen de Patagones y un pequeño poblado en Puerto Soledad, Malvinas, con alrededor de cincuenta personas —incluidos soldados, familias y presos— algunas granjas y quinientos animales entre vacunos y equinos.

Los balleneros norteamericanos alternaban la depredatoria matanza de anfibios con el saqueo a los pobladores, a quienes despojaban de animales y de frutos y verduras de sus huertas.

En enero de 1811, ya instalado el gobierno revolucionario de Mayo, los españoles evacúan la islas, explicando que no se justificaba el gasto y los problemas que ocasionaban en relación con la escasa utilidad que prestaban.

Patagones, marzo 1827. Combate entre la flota imperial brasileña y corsarios al servicio del gobierno de Buenos Aires. Oleo del capitán Antonio Abel expuesto en el Museo Francisco de Aguirre.

La gesta de Patagones

El gobierno surgido de la Revolución de Mayo toma posesión de Carmen de Patagones y lo convierte prácticamente en un presidio de confinamiento para los opositores a la autoridad criolla. Circundada por el desierto y por el mar y acechada por los indígenas, era un destino apropiado para recluir prisioneros con casi ninguna posibilidad de fuga.

En su mayoría, los cautivos son españoles y como la mayoría de los colonos de Patagones eran de ese origen, no resultaría fácil, en un comienzo, establecer un firme predominio revolucionario.

En abril de 1812 los realistas internados en el Fuerte se sublevan, derrocan al comandante criollo Francisco Javier Sancho y ponen al mando de la plaza a Domingo Fernández. Fletan un bergantín a Montevideo para avisar al virrey Vigodet de la reconquista pero la noticia llega también a oídos del gobierno de Buenos Aires, que enviaría un centenar de soldados comandados por el teniente coronel Oliverio Rusell, recuperando el bastión.

Durante los años posteriores se advertiría la incapacidad de las autoridades para administrar y gobernar, siendo evidente la indisciplina de los soldados y los reiterados abusos cometidos por jefes despóticos y venales.

En 1817 el gobierno de Buenos Aires designa al sargento mayor Julián Sayós, jefe de la guarnición, quien llega a Patagones con ex soldados en calidad de presos. A poco del arribo, éstos se sublevan, toman el Fuerte, izan la bandera española y fusilan a Sayús. Los sublevados cometen tantos abusos que un puñado de resistentes se organizan y los enfrentan matando al jefe y poniendo en fuga al resto.

En Buenos Aires, el gobernador Martín Rodríguez, por sugerencia de Bernardino Rivadavia, designa comandante de Patagones a José Gabriel de Oyuela, quien inicia un período que se destaca por el ejercicio de una administración ordenada y pacífica.

Oyuela comenzó por efectuar un censo que registró la existencia, en agosto de 1821, de cuatrocientos setenta y un habitantes e inauguró la primera escuela, a un mes de asumir, por expresa indicación de Rivadavia, quien suministró materiales y textos. Se inscribieron, al principio, treinta y cinco alumnos.

Entre otras medidas progresistas Oyuela instaló el servicio de correos y reglamentó la caza y pesca de anfibios

El francés Alcides D'Orbigny (1802-1857) naturalista y paleontólogo, residió durante 1829 en Patagones. Escribió Voyage dans L 'amerique Meridionale, libro de gran valor científico.

para impedir depredaciones y prohibió la matanza de crias, imponiendo, además, el pago de aranceles; estableció el servicio de prácticos para facilitar el acceso de las naves al río evitando los bancos de arena; se empeñó en establecer cordiales relaciones con los indios fomentando el intercambio comercial, etcétera.

En 1823 fue sucedido en el cargo por el coronel Martín Lacarra, quien continuó los mismos lineamientos que su antecesor; se desempeñó en la función de tesorero Ambrosio Mitre, padre de Bartolomé, en ese entonces con seis años de edad.

Cuando Lacarra asume el mando se desencadenan algunos acontecimientos que tendrían directa influencia sobre Carmen de Patagones. La toma de Montevideo y la inmediata incorporación de la Banda Oriental a las Provincias Unidas del Río de la Plata es resistida por Brasil, que declara la guerra al gobierno argentino. Buenos Aires carecía de una flota de guerra, lo cual la situaba en una posición desventajosa frente al imperio brasileño que disponía de varias naves.

El gobierno argentino decide conceder patentes de corsos a los barcos que acudieran a combatir a las fuerzas imperiales, concediéndoles el botín que obtuvieran como único pago, lo cual era la condición básica para pactar con las naves corsarias. Como los brasileños habían bloqueado el acceso al puerto de Buenos Aires, los corsarios optaron por el río Negro para establecer su base de operaciones. Estarían a cubiertos debido a la distancia pero como puerto no era adecuado.

El arribo de los corsarios inquietó a los circunspectos colonos del Carmen que de pronto se vieron invadidos por gente de dudosa calaña, marinos inescrupulosos, mercenarios, aventureros y ex esclavos negros liberados de los barcos capturados a los brasileños.

El comandante Lacarra pide refuerzos a Buenos Aires, dado que en el Fuerte la cantidad de prisioneros era superior al número de soldados, pero no tuvo respuesta. Se aguardaba un inminente ataque imperial contra el "nido de corsarios" que se guarecía en Patagones, hacia donde navegaba una fuerza naval al mando del capitán James Sheperd, al servicio de los brasileños. A bordo de cinco barcos eran transportados seiscientos trece soldados con el objetivo de *"...apoderarse y demoler la batería del puerto de Patagones, arrasar la población y apresar o incendiar las naves allí ancladas".*

El Beagle varado en la costa del río Santa Cruz. Grabado de Landseer, 1836.

El comandante Lacarra organiza la defensa con ciento cincuenta soldados, doscientos corsarios, un centenar de vecinos y varias embarcaciones pequeñas. El bergantín brasileño *Escudero* viene al frente y enfila sus cañones contra la batería emplazada en la boca del río defendida por casi un centenar de negros que debieron retroceder ante el intenso fuego enemigo. El jefe de la flota argentina Santiago Jorge Bynon, galés al servicio del gobierno criollo, lo enfrenta con inferioridad de medios pero logra abordarlo y capturarlo.

La segunda nave imperial *Duquesa de Goyaz* encalla, impidiendo el avance de la goleta *Constancia*, que es atacada por el corsario James Harris tomando prisioneros a oficiales y marinos. Una tempestad hace zozobrar al *Duquesa de Goyaz* y mueren cuarenta tripulantes.

Itapirica, corbeta invasora fuertemente artillada también encalla y sucumbe ante el intenso fuego defensivo.

En tierra, cuatrocientos soldados brasileños son vencidos en el Cerro de la Caballada por defensores que los aguardaban a pie, agazapados, y otros a caballo, en tanto asomaban numerosas gorras de soldados sobre el murallón del frente, pero no era otra cosa que un mero ardid, porque eran mujeres y niños simulando ser soldados para confundir al invasor.

El 7 de marzo de 1827 los brasileños son hostigados por la artillería de tierra y la de los barcos corsarios, al tiempo que una carga de caballería acomete contra los invasores y provoca la muerte del capitán Sheperd. Los imperiales, confundidos y desmoralizados se retiran en desorden para finalmente rendirse. Hacia la noche todo había terminado, los prisioneros fueron tratados humanamente y los defensores festejaban una victoria que introducía a Patagones en la historia como protagonista de una gesta que unió a soldados, granjeros, artesanos, corsarios y ex esclavos negros...

Darwin en la Patagonia. Expediciones de Parker King y Fitz Roy

Entre las expediciones más importantes con propósitos de exploración y relevamiento patagónicos, se cuentan las que realizaron los marinos ingleses Phillip Parker King, entre 1826 y 1830, continuada por Roberto Fitz Roy en 1832 y 1836.

En el lapso de diez años efectuaron amplias y detalladas investigaciones desde el sur del río de la Plata hasta Tierra del Fuego, siendo registradas en interesantes informes y relatos no exentos de sorprendentes episodios.

Los secundó un calificado plantel de científicos y oficiales, sobre todo en la segunda expedición al mando de Fitz Roy, en la que viajó Carlos Darwin. Las naves de la primera incur-

Fitz Roy realizó importantes relevamientos; pero su mayor esfuerzo: llegar a las nacientes del río Santa Cruz, fue infructuoso. Desistió luego de casi tres semanas de una marcha agotadora, sin saber que estuvo a sólo veinte kilómetros del objetivo.

sión fueron *Adventure* y *Beagle.* A comienzos de 1827 fondean en el estrecho de Magallanes, cerca de Port Famine (Puerto Hambre) y realizan un extenso relevamiento en toda la región y descubren el canal que bautizarían Beagle.

Hallándose en las proximidades de la isla Navarino —según relataron los ingleses—, un grupo de yaganes les roban una lancha ballenera. Estos, para escarmentarlos, tomaron cuatro rehenes y los mantuvieron a bordo.

Otras versiones interpretan que los retuvieron en cautiverio para educarlos y formarlos como guías e intérpretes, según una modalidad británica, para influir sobre sus hermanos de raza.

Lo cierto es que los nativos viajaron a Inglaterra: una adolescente bautizada Fuegia Basket (Cesta fueguina); y tres jóvenes: Jemmy Button (Jemmy Botón, por él se pagó a sus padres un enorme botón de nacar); Boat Memory, (en recuerdo del bote perdido) y York Minster, (en memoria del cabo que organizó la captura).

Fitz Roy se hizo cargo de todos los gastos que demandarían su educación, mantenimiento y ropas. En Inglaterra se hicieron célebres, siendo recibidos por el rey Guillermo IV y la reina Adelaida, quienes los agasajaron con obsequios y a Fuegia Basket le regalaron un ajuar de boda junto con un gorro de batista de la propia reina.

El segundo viaje en el *Beagle,* al mando de Fitz Roy, se inició en diciembre de 1831 y en esta expedición viajaba Carlos Darwin en razón de que Fitz Roy pretendía incluir a un naturalista y por no disponer de presupuesto se le ocurrió invitar a un estudiante de ciencias naturales que si bien no cobraría honorarios, a cambio viajaría sin desembolso alguno.

Carlos Darwin, con 23 años, se alistó como voluntario. En la tripulación se incluía también al Rvdo. Richard Mathews con la misión de catequizar a los aborígenes.

Jemmy Button

York Minster

Fuegia Basket

Jemmy Button-York Minster-Fuegia Basket; estos jóvenes yaganes regresaron de Inglaterra instruidos en diversos oficios y con conocimientos del idioma inglés. Y muchos regalos.

De los cuatro yaganes regresaron tres porque Boat Memory había muerto a causa de la viruela no obstante haber sido vacunado y recibido un tratamiento cuidadoso; era el preferido de Fitz Roy porque además de bien parecido era muy inteligente. El marino los había hecho vacunar a todos, preventivamente, por la facilidad de los indígenas para contagiarse al contacto con los blancos.

Regresaron con muchos regalos, instruidos, con conocimientos del idioma inglés y de oficios como herrería, carpintería y tareas de labranza. En cuanto a York Minster, que tendría unos veintisiete años cuando lo capturaron no reveló interés en el aprendizaje, pero sí se comprometió con Fuegia Basket.

En diciembre de 1832 la expedición arriba a Wulaia, isla Navarino y los yaganes quedan con su gente; son construidas tres chozas para Jemmy Buttom, el Rvdo. Mathews y el matrimonio Minster-Basket, a quienes el clérigo acababa de casar. Empezaron por labrar la tierra y construir las chozas y mientras lo hacían se acercaban los nativos, recelosos, a observar como trabajaban. Cierto día llegaron la madre y los hermanos de Jemmy, que casi había olvidado su idioma natal y, según refirió Darwin, sólo se miraron sin evidenciar expresiones de afecto; la madre se fue en seguida a cuidar la canoa.

Entretanto el *Beagle* había zarpado para continuar con las tareas de relevamiento y cuando regresa, semanas después, Fitz Roy halla al clérigo asustado y deprimido, enterándose que fue atacado y apedreado por los yaganes quienes, además de burlarse le despojaron de sus pertenencias a él, al matrimonio y a Jemmy.

El reverendo, por orden de Fitz Roy abandona Wulaia y regresa con el *Beagle*, que zarpaba para efectuar exploraciones y reconocimientos en San Julián y en el río Santa Cruz, donde avistan la cordillera aunque no pueden cumplir su propósito de llegar hasta la naciente del río. El relevamiento, empero, fue muy útil y referencias sobre esa esforzada tarea están contenidas en el libro "Diario de un naturalista alrededor del mundo", que Carlos Darwin publicó en 1839.

"Al revivir imágenes del pasado —escribió Darwin— encuentro que con frecuencia se cruzan ante mis ojos las planicies patagónicas, empero las misma son juzgadas por todos como las más miserables e inútiles. Se caracterizan sólo por cuanto poseen de negativo: sin habitantes, sin agua ni árboles, sin montañas, sólo poseen plantas enanas. ¿Por qué entonces —y el caso no es peculiar sólo para mí— tienden esas tierras áridas a tomar posesión de mi mente? ¿Por qué la más plana, más verde y fértil pampa, que es útil al ser humano no produce igual impresión? Apenas me lo explico, pero en parte debe ser por el horizonte que aquellas dan a la imaginación".

El inglés Charles Darwin, (1809-1882) en su libro Viaje de un naturalista alrededor del mundo hay definiciones memorables sobre la Patagonia que tienen asombrosa vigencia.

Protagonistas

Luis Piedrabuena

La indócil y desmesurada extensión patagónica se enfrentó, en ocasiones, a protagonistas de igual temperamento, que la desafiaron revelando un temple y una audacia excepcional. Tal fue el caso de Luis Piedrabuena, llamado el "Centinela del Sur".

Nació en Carmen de Patagones el 23 de agosto de 1833, y desde los primeros años, escuchando relatos sobre corsarios y loberos fue tentado por la vida marinera, imaginando que el mundo estaba más allá de su pequeño pueblo y él debía abordarlo. Su entusiasmo por la navegación fue advertido, cuando solamente tenía nueve años de edad, por el capitán F. Lennon quien lo embarcó como grumete.

En 1847, el capitán William H. Smiley, veterano lobero norteamericano lo toma en su barco y Piedrabuena se inicia en un verdadero aprendizaje marino. Durante años navega el litoral atlántico, conoce las principales islas y recorre la península antártica, interviniendo en la captura de lobos y ballenas.

El capitán Smiley advierte las singulares dotes de Piedrabuena y patrocina su capacitación, enviándolo a formarse a una escuela náutica de Nueva York. Regresa a los tres años con diploma de piloto y conocimientos generales de mecánica y carpintería náuticas. Luego de navegar un período con el lobero norteamericano se independiza y se desplaza en su propia embar-

cación a la vez que amplía sus actividades, instalando un almacén de ramos generales en una pequeña isla próxima a la desembocadura del río Santa Cruz. Fitz Roy la llamó "Islet Reach". y Piedrabuena la rebautizó Pavón, en recuerdo de la batalla que libró Bartolomé Mitre.

En sucesivos viajes fue acopiando materiales para construir una vivienda con varias dependencias y un galpón. Sus clientes serían los indios y eventuales viajeros a quienes vendería alimentos y algunos "vicios" recibiendo a cambio plumas, cueros y quillangos. Como él continuaría navegando deja el negocio al cuidado de sus dependientes.

Piedrabuena era ya un avezado conocedor de los mares australes y de sus costas y percibe con alarma la penetra-

En esta acuarela de Mezzadra, Piedrabuena rescata a náufragos, acción humanitaria que realizaba frecuentemente en los tormentosos mares australes, escenario de sus hazañas.

Luis Piedrabuena, formado en una escuela náutica de Estados Unidos, avezado lobero y marino mercante, fue un firme defensor de la soberanía argentina en los mares del sur.

ción chilena sobre regiones que conceptuaba de exclusiva soberanía argentina. Sus advertencias al gobierno nacional, en principio, no fueron tomadas en cuenta.

En 1864 la Marina de Guerra lo nombró capitán honorario, sin percibir sueldo alguno porque no quería abandonar sus actividades particulares. A su cargo, con instrucciones expresas, envía al marino inglés G. H. Gardener a explorar el río Santa Cruz, bordeándolo a caballo acompañado por dos peones en una travesía que demandó treinta tres días. Gardener llega al lago donde nace el río, releva el área y presenta su informe a Piedrabuena que, a su vez, lo despacha al ministerio de Relaciones Exteriores.

En 1869 instala otro almacén de ramos generales en Punta Arenas, Chile y seguidamente, con materiales que le cede el gobierno de Buenos Aires construye refugios para náufragos en la isla de los Estados y en San Gregorio, en el estrecho, pero debe retirar este último por exigencia de los chilenos. En Punta Arenas sus movimientos son observados porque se lo considera un agente del gobierno argentino pero su prestigio como marino impide cualquier arbitrariedad. Además, sus servicios siempre son requeridos para acciones de salvatajes, siendo meritorias sus intervenciones ya que rescató varias naves y puso a salvo a más de doscientas personas, lo que le valió innumerables agradecimientos y simbólicos presentes, entre otros, de la reina de Inglaterra que le obsequió binoculares, o del emperador alemán que le envió un anteojo telescopio.

El matrimonio de Luis Piedrabuena y Julia Dufour, amantes entrañables, solamente duró diez años. Ella se casó a los 30 años y falleció a causa del tifus, a los 40, dejando hijos pequeños.

Sin embargo, las intrigas urdidas por el gobernador de Punta Arenas para desacreditarlo provocaron situaciones ingratas y Félix Frías, embajador argentino en Chile, se hace eco irreflexivamente de los infundios y sin información fehaciente informa a Buenos Aires que Piedrabuena es económicamente insolvente, que está agobiado por las deudas, que es propietario de una desacreditada taberna y vende a los indios lo que el gobierno argentino le cede para asistirlos, comercializando, además, los materiales que le envían para distintas tareas de fomento. El embajador también objeta la condición de oficial de la Marina de Guerra ostentada por Piedrabuena.

Mientras tanto los chilenos establecen una Capitanía en Cañadón Misioneros, sobre la ribera sur del río Santa

Cabo de Hornos, nave que comandó Piedrabuena. Acuarela de E. Biaggeri.

El lobero W. H. Smiley y Luis Piedrabuena al regreso de éste de Nueva York, egresado de la escuela náutica donde el capitán norteamericano lo había enviado a formarse.

Cruz, frecuentemente visitada por barcos de guerra. Hay rumores de guerra y el gobierno recurre a Piedrabuena en busca de asesoría porque salvo él, no había nadie que supiera algo del sur patagónico y los mares australes.

Es de tal valor la información que suministra Piedrabuena, que el propio embajador Frías tiene que reconocerlo: *"...su informe ha venido a prestarme un gran servicio. ...Hombres patriotas puros como usted tarde o temprano tienen su recompensa"*.

Las incursiones chilenas incentivan los viajes de reconocimiento a la Patagonia y es Piedrabuena quien asesora y orienta a diversas misiones que integran Carlos María Moyano y el Perito Moreno. En su goleta *Santa Cruz* entrena a cadetes y tropa, lo que lo convierte en un instructor de la marina de Guerra. En 1878, por decreto, el presidente Avellaneda lo nombra coronel de la marina de Guerra, pero Piedrabuena sigue navegando por los mares australes sin dejarse atrapar por la burocracia o cargos que se le antojaban cómodos.

El súbdito británico Henry L. Reynard (que introdujo ovejas provenientes de la Malvinas y dio un gran impulso a la cría de ovinos en toda la región, convirtiéndose en su mayor fuente de ingresos) escribió en el periódico *Navy*:

"Don Luis Piedrabuena, cuya noble conducta no tan sólo honra a él sino también en alto grado a la nación que tiene hombres tan intrépidos y humanitarios como el que tratamos... consiguió salvar a tripulantes de una muerte casi inevitable, recoger los despojos del Espora, *con una parte de ellos construir un galpón para resguardar a sus marineros de la cruel intemperie de aquella isla (de los Estados) y por fin, con un ingenio poco común construir con esos fragmentos del naufragio el cúter que habría de servirles de tabla de salvación".*

En febrero de 1873 Luis Piedrabuena navegaba con el *Espora* frente a la isla de los Estados y un temporal provoca el naufragio de la nave en la Bahía de las Nutrias. Luego de varias jornadas de ociosa vigilia advierte que por allí no pasaría nadie y con lo que puede rescatar de la nave construye un cúter (embarcación de un palo) con la ayuda no muy efectiva de cuatro tripulantes porque otros cuatro estaban enfermos. Con dos sierras y un hacha construyeron en dos meses un bote de doce metros que bautizaron *Luisito*. Dieciséis días más tarde fondean en Punta Arenas.

Su última tarea fue la de conducir la misión del Instituto Geográfico Argentino dirigida por Giacomo Bove, en una expedición que se prolongó durante ocho meses. Desde su lecho de enfermo da instrucciones para la colocación de faros en el estrecho de Le Maire; días después, a los cincuenta y un años, fallece.

La Nación, comentó: "Es un hecho histórico que a los trabajos del comandante Piedrabuena y a su patriótico anhelo se debe en gran parte la reivindicación de los territorios australes de la Re-

Primitiva construcción del establecimiento de Luis Piedrabuena en la isla Pavón, visitado por viajeros e indios que intercambiaban plumas y pieles por "vicios" —harina, yerba, azúcar, etcétera—. Fue el único referente en el extremo sur.

pública Argentina, sobre los cuales él fue el primero en llamar la atención, pudiendo decirse que por mucho tiempo los defendió solo, con un pequeño buque de su propiedad, con el cual navegaba por los canales magallánicos velando por aquellos y estorbando su ocupación por otros".

Piedrabuena nunca se enriqueció con sus actividades comerciales, al contrario, pero aun agobiado por sus problemas jamás se negó a efectuar salvatajes o acudir en auxilio de alguien en peligro. Se brindaba al servicio como si fuera su verdadera y definitiva causa.

El rey de la Patagonia

El 17 de noviembre de 1860, el francés Orllie Antoine de Tounens, se proclamó en Chile rey de la Araucania. El inesperado visitante de treinta y tres años la había meditado esa entronización, en la ciudad de Perigueux, donde oficiaba como procurador. Explicó: *"...concebí la idea de que podía civilizarse a los indígenas eligiéndome su jefe, ya sea tomando el nombre de rey o cualquier otro que significara una autoridad suprema en un Estado, y al efecto me dirigí a la provincia de Valdivia o sur de Araucania y allí tuve ocasión de entenderme con varios caciques y hacerles conocer mi propósito; mas como estos me aceptaron con agrado y reconociera yo que el dictado de rey era el más conocido y acatado entre ellos tomé este título".*

Orllie Antoine no logró persuadir a sus compatriotas de que su reino podía ayudar a Francia y se sintió acosado por los que dudaban de su cordura. En realidad, eran casi todos los que conocían sus peripecias.

Como broche final los flamantes súbditos exclamaron estentóreamente: "¡Viva el Rey!". lo que entusiasmó tanto al nuevo monarca que no tardó en extender su reino incorporando el territorio patagónico, convirtiéndose entonces en rey de la Araucania y Patagonia.

Pero el apetito expansionista de Orllie Antoine I, al parecer, era insaciable: ahora pretendía anexarse Chile entre otras razones para obtener recursos y fortalecer su economía del reino, por lo demás bastante raquítica. Es traicionado por su guía e intérprete Rosales quien lo denuncia a las autoridades chilenas, siendo apresado de inmediato.

El juez lo cree loco y pide consulta médica. Sin embargo, es declarado cuerdo pero el cónsul francés insiste que es insano y consigue reembarcarlo para su patria. El diplomático escribe a su gobierno que este personaje "semicómico, semiserio" se hizo investir como autoridad real por *"...algunos caciques aislados en medio de amplias y generosas libaciones".*

Un año después, en Paris, lo encarcelan por deudas impagas. Cuando recobra la libertad, parte a la Argentina, país donde nunca había estado a pesar de que anexó a su reino la Patagonia, un tercio del territorio continental argentino. Desembarca en San Antonio, Río Negro, y desde allí se traslada a Choele Choel acompañado por una persona de origen italiano. En esa región acampan indios belicosos que lo convierten en cautivo y después de una noche saturada de

aguardiente deciden degollarlo; cuando lo iban a ejecutar un araucano lo reconoce y lo salva.

Continúa su viaje a la Araucania y es descubierto, aunque logra eludir a la partida que iba a apresarlo, logrando escapar a Bahía Blanca; prosigue su viaje hasta Buenos Aires, desde donde regresa definitivamente a Francia.

Ya en su pueblo, abatido, admite que su imperio se desvanece; enferma y muere en la indigencia en un hospital público de Tourtoirac.

El reino de Araucaria y Patagonia.

Después de leer La Araucana, el poema épico de Alonso de Ercilla, Orllie Antoine de Tounens se obsesionó con la idea de viajar a la Araucania y establecer su propio reino. Estaba seguro de obtener un empréstito por cuanto iba a proponer a poderosos connacionales temerosos de la superpoblación de Francia, trasladar a su flamante reino a proletarios, comuneros, comunistas y todos aquellos que pudieran conspirar conta el orden y la paz social. Pero no obtuvo respuesta.

Volvió a insistir tiempo después, publicando un libro con sus experiencias monárquicas asegurando que "Francia podría obtener (de su reino) ventajas incalculables". Sin embargo volvieron a desoír sus propuestas y además lo metieron en la cárcel por deudas impagas.

Los galeses

La colonización galesa en la Patagonia, como nada de lo que aconteció en esa áspera región, fue fácil. El 27 de julio de 1865 fondea en Puerto Madryn el velero *Mimosa,* y un día después desembarcan ciento cincuenta y un galeses entre niños, mujeres y hombres. Habían zarpado del puerto de Liverpool dos meses antes y durante el trayecto —sin escalas— murieron cuatro criaturas y nacieron otras dos. Seguramente mal asesorados, llegaron en invierno luego de un viaje agotador y sumamente incómodo; en casillas escasas y precarias se guarecen mujeres y niños y los hombres en cuevas cavadas en la costa.

Buscan agua inútilmente y evaluando la inhospitalidad del lugar deciden trasladarse al valle del Chubut; las mujeres lo hacen en lanchón y los hombres a través del desierto, ateridos y sedientos, temiendo, además, algún ataque indígena. Un mes después empiezan a construir chozas de adobe, en tanto el comandante Julián Murga luego de fundar la ciudad de Rawson, hace entregas de tierras a los colonos galeses.

Sobrevienen tiempos difíciles: los sembrados no evolucionan, fracasan las cosechas, el ganado se dispersa buscando agua y pasturas; racionan las provisiones y lo que parecía iba a ser un paraíso se convierte en una amarga decepción para la colectividad galesa.

Las familias recriminan a Lewis Jones, quien había sido comisionado para elegir el sitio propicio para establecer la colonia, por haber descripto la región como un vergel lo cual, visto lo que estaba sucediendo, resultaba una trágica desilusión.

Lewis Jones cede la autoridad a William Davies y ambos viajan a Buenos Aires en busca de ayuda. El gobierno argentino y miembros de la colectividad británica de Buenos Aires colabo-

Las familias galesas trataron de prodigarse hogares confortables y vivir de acuerdo a sus principios. Prosperaron a pesar de las dificultades que debieron afrontar para adaptarse al lugar debiendo convertirse en granjeros cuando en Gales habían sido mineros y obreros.

ran con los galeses y despachan las tan ansiadas provisiones.

Continúan los contrastes, se malogran cosechas y no son pocos los que se disponen a desertar, incluyendo al médico que acompañaba a los colonos. El barco inglés *Triton* arriba con un delegado del gobierno de Buenos Aires y con el secretario de la embajada británica, quien comprueba que el gobierno argentino había cumplido con creces la ayuda prometida; y verificó que los galeses permanecían allí por propia decisión, por cuanto habían rechazado el traslado a regiones fértiles y menos desapacibles del país, de acuerdo con sugerencias efectuadas por autoridades oficiales. El *Triton* descarga provisiones, medicamentos y el médico de a bordo asiste a los enfermos.

A poco de zarpar la nave inglesa, los tehuelches plantan toldería en las proximidades del poblado galés y entablan relaciones con los colonos, quienes resultan beneficiados por las instrucciones que les imparten los nativos para lograr un adecuado manejo de la hacienda, montar, arrojar las boleadoras y conocer ardides para subsistir en el desierto; además les hacen gustar la carne de guanaco y avestruz.

El adiestramiento les resultaba sumamente útil a los galeses por cuanto en su mayoría habían trabajado en minas o en talleres y desconocían no solamente la naturaleza y el clima del territorio patagónico, sino también las faenas agrícolas y ganaderas más elementales.

Sin embargo, las cosechas seguían fracasando o eran insuficientes y la persistente escasez de recursos y alimentos termina por minar la moral de los galeses. Dos delegados de la comunidad viajan a Buenos Aires para solicitar otras tierras, sugiriendo como destino la provincia de Santa Fe. No se hace lugar a la solicitud pero se promete ayuda. De regreso vuelve con los representantes Lewis Jones, quien estaba trabajando como tipógrafo en Buenos Aires

Influidos por un informe de Fitz Roy el contingente de galeses, a disgusto en el imperio británico, eligió residir en la Patagonia. Afrontaron un comienzo desalentador y sacrificado pero lograron imponerse a un territorio hostil e implacable. Levantaron sus típicas viviendas, constituyeron sólidas familias, fieles a los preceptos bíblicos. Un ejemplo del respeto por el prójimo lo evidenciaron en la comprensiva y consecuente relación con las comunidades indígenas.

luego de su distanciamiento de la comunidad. Su intención era la de persuadir a sus compatriotas para que permanecieran en la colonia y realizaran el tan ansiado proyecto de constituir una amplia y sólida comunidad.

Cuando llegan a Madryn encuentran a todos los colonos con sus equipajes aguardando el buque para partir; abandonaron el valle con la decisión de no volver atrás y aunque Jones logra convencer a algunos para que no se fueran, un grupo fue irreductible.

Los que regresan se enfrentan con un panorama desolador: sus chozas habían sido consumidas por el fuego. Una versión sostenía que el incendio, provocado por los tehuelches, era una exteriorización del despecho que les causó la partida de los galeses, a quienes habían ofrecido su ayuda para que no se marcharan. Tomaron su alejamiento como un desprecio y, resentidos, quemaron las viviendas.

Ese año, 1867, una tremenda sequía hacía peligrar la cosecha, pero un verdadero milagro cambió la suerte de los desdichados colonos. Aaron Jenkins y su

El coronel Luis Jorge Fontana guió a los galeses hasta la cordillera instalándolos en tierras más feraces que las de la meseta y la costa del Chubut. Personalidad muy estimada por los galeses y colonos que lo trataron, cuando distribuyó las parcelas en la nueva colonia no se asignó para sí mismo.

Los Rifleros del Chubut, conducidos por el coronel Luis Jorge Fontana, se aprestan a partir hacia la cordillera integrando la histórica expedición colonizadora de 1885 que promovería el surgimiento de Trevellin y Esquel.

Los colonos galeses tenían predilección por los automóviles, a la vez que construían viviendas cada vez más confortables.

esposa Rachel recorrían con preocupación los cultivos, cuando advierten, de pronto, que el río fluía en un nivel superior al de la tierra sembrada; sin dudarlo, cavan precipitadamente una canaleta y el agua empieza a correr por un surco.

Se produce una gran conmoción entre los colonos, por cuanto creían que la solución estaba allí, en el fluir de esas aguas salvadoras. No obstante, cada tanto se producían algunas deserciones, aunque también se profundizaba el arraigo de la mayoría. De inmediato se desarrolló un amplio sistema de irrigación.

En 1874 llega de Estados Unidos un nutrido grupo de galeses que se afincan, instalan negocios y dan principio a una eficiente comercialización de lo que la tierra producía, no tardando en realizar el primer embarque de cereales. Entre los recién llegados es notoria la presencia de agricultores expertos, por la aplicación de técnicas actualizadas y en los rendimientos de los cultivos. De inmediato los galeses fundan el pueblo de Gaiman.

El censo de 1878 confirma la presencia de setecientos cincuenta y nueve habitantes; se registraron cuarenta y ocho nacimientos y la hacienda estaba compuesta de 2.400 vacunos, 700 equinos, 3.000 aves de corral y 859 lanares. El campo sembrado abarcaba 15.000 hectáreas y en los dos años siguientes levantan dos molinos harineros.

Se van disipando los amargos momentos del inicio de la colonización galesa, que parecía proclive a transitar el mismo sendero de frustración y desesperanza de los diversos intentos efectuados por los españoles en el estrecho, San Julián, Deseado y San José. En el valle inferior del río Chubut se afirma y crece la producción agrícola merced a un efectivo y amplio sistema de irrigación, se comercializa el cereal en Buenos Aires y hasta se exporta a Liverpool.

Paulatinamente aumenta la cantidad de habitantes y propietarios de parcelas integrándose una cooperativa de comercio; el liderazgo lo ejercen dirigentes religiosos que trabajan a la par de los colonos. Los municipios se eligen democráticamente y la prosperidad se percibe

lenta pero sostenidamente. Los cereales se exportan y el autoabastecimiento de alimentos variados es satisfactorio.

Al tiempo se construye el ferrocarril Puerto Madryn-Trelew y para realizar esta obra llegan desde Gales más de cuatrocientas cincuenta personas. El 28 de mayo de 1885, el coronel Luis Jorge Fontana, designado gobernador, inicia en Rawson un período progresista siendo uno de sus objetivos prolongar la colonización al interior del Chubut, ya que hasta entonces sólo se extendía hasta Gaiman. Funda la Compañia de Rifleros del Chubut con treinta voluntarios. El 14 de octubre parten hacia la cordillera recorriendo las orillas del río Chubut y haciendo minuciosos reconocimientos en el Genoa, Tecka, Senguerr, el área de la Colonia Sarmiento, los lagos Calhué Huapi, Musters y Comodoro Rivadavia entre muchos otros sitios. Los deslumbran los valles cordilleranos y es allí donde Fontana atinadamente, decide establecer un asentamiento. A su regreso a Rawson empieza las gestiones para lograr apoyo oficial con la intención de construir un poblado al pie de la cordillera.

En enero de 1888 funda la Colonia 16 de Otubre (en recordación de la fecha en que se sancionó la ley de 1884

Vista del primer Eistédvod realizado en 1900 en Trevelin; torneo poético tradicional en el que los ganadores ocupan el "sillón del bardo".

También se lucen los coros, expresión musical que cultivan con especial dedicación. Actualmente se percibe un renacimiento de bardos y cantores, de la cultura galesa en general, enfatizando el estudio y difusión de la lengua, con la creciente participación de alumnos.

que dividió la Patagonia en Territorios Nacionales) y logra que se adjudique una legua a cada miembro de la expedición que lo acompañó en esa apertura al oeste.

En total se distribuyen cincuenta leguas que mensura el ingeniero galés Llwd Ap Iwan entre cinco colonos argentinos, treinta y nueve galeses, dos norteamericanos, dos ingleses y dos alemanes. Luis Jorge Fontana no inscribió ninguna parcela para él y cuidó celosamente, en todo momento, la seguridad de los colonos (sentía respeto y gratitud por la labor de los galeses) y el justo cumplimiento de las condiciones acordadas.

Musters: El Marco Polo de la Patagonia

Luego de leer el libro de Carlos Darwin en el que narra sus experiencias en la Patagonia, George Chaworth Musters, marino de 27 años al servicio de la Armada real inglesa, siente el *"fuerte deseo de penetrar, si era posible, en el poco conocido interior..."* de esa región. Para ello, se dispuso a integrar una caravana tehuelche partiendo desde Punta Arenas

en dirección al norte patagónico.

Informaciones acerca del *"carácter tehuelche y sobre la deleitosa diversión de la caza del guanaco —explica Musters— me hicieron ansiar más que nunca la realización de ese plan".*

Y asi emprendió la tarea preparatoria para lo cual le ayudaba el conocimiento del español, lengua que los indios también conocían. Estaba convencido que era posible atravesar sin peligro el país en compañia de algunas de las partidas errantes de indígenas.

A su paso por las Malvinas un conocido suyo, Mr. H. Dean, le dio una carta de presentación para el capitán Luis Piedrabuena, *"...inteligente argentino muy conocido en Stanley, propietario de una goleta con la que explotaba las pesquerías de lobos de la costa, y dueño también de una factoría establecida en la Isla del Medio (Pavón) sobre el río Santa Cruz".*

En abril de 1869 Musters está en Punta Arenas y no advierte ninguna partida indígena, por lo cual se incorpora a una patrulla militar que se dirige a Santa Cruz, con el propósito de capturar desertores.

Un par de semanas después está en la isla Pavón donde es recibido por Mr. Clarke, encargado del establecimiento de Luis Piedrabuena en ausencia de éste. Casualmente, acampaban en la vecindad los célebres caciques Orkeke y Casimiro, al frente de una caravana que se dirige al norte; en el lapso en que transcurre el invierno, Musters, hábil diplomático, entabla cordiales relaciones con los tehuelches; los acompaña en travesías y cacerías cortas lo que les permite a los nativos evaluar su progresivo adiestramiento.

Por último, Casimiro acepta su incorporación a la caravana e influye sobre Orkeke que se oponía al acompañamiento de Musters, argumentando que un hombre de su rango debía merecer un trato preferencial, lo que les haría perder tiempo y entorpecería la marcha. Sin embargo, el tenaz y astuto Musters demostraba a diario que no sólo podía

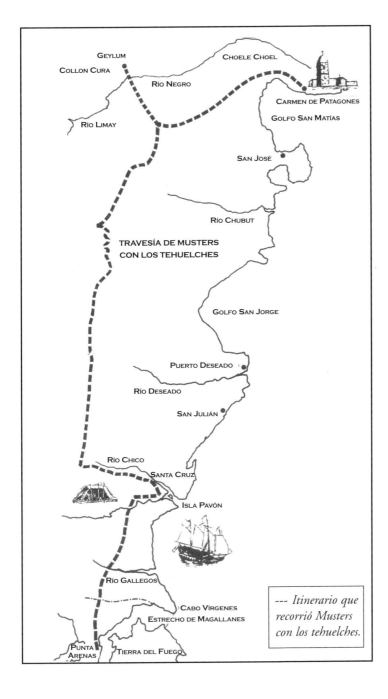

GEYLUM
COLLON CURA
CHOELE CHOEL
RÍO NEGRO
CARMEN DE PATAGONES
GOLFO SAN MATÍAS
RÍO LIMAY
SAN JOSÉ
RÍO CHUBUT
TRAVESÍA DE MUSTERS CON LOS TEHUELCHES
GOLFO SAN JORGE
PUERTO DESEADO
RÍO DESEADO
SAN JULIÁN
RÍO CHICO
SANTA CRUZ
ISLA PAVÓN
RÍO GALLEGOS
CABO VÍRGENES
ESTRECHO DE MAGALLANES
PUNTA ARENAS
TIERRA DEL FUEGO

--- Itinerario que recorrió Musters con los tehuelches.

George Chaworth Musters

Cacique Casimiro

Cacique Orkeke

Patagones, probablemente como lo encontró Musters. Dibujo de Santiago J. Albarracín.

hacerse cargo de él mismo y de su caballo, sino también que había adquirido las costumbres indias participando en todo lo que hacían: dormir a la intemperie bajo una manta de piel de guanaco, comer con ellos y ser aguantador para los esfuerzos. Finalmente fue aceptado y partió con la caravana.

Viajaban alrededor de cincuenta nativos de todas las edades: mujeres, niños, jovenes y hombres. El itinerario se hacía con previsión de los paraderos (aiken) en los que hallarían agua, pasturas, leña y carne. De Pavón, arriban al aike del río Chico y desde aquí, en un largo trayecto, hasta Geylum; luego continuaron hasta el río Negro (Patagones).

En el largo y accidentado viaje Musters conoció y alternó con varios caciques importantes y se adentró como pocos en el conocimiento de la idiosincrasia tehuelche y su divulgación constitu-

yó una novedad para los propios argentinos. Volcó toda esa rica experiencia en el libro *At home with the Patagonians*, editado en español con el título *Vida entre los Patagones*.

En el libro, por primera vez, se realizó una descripción objetiva y amplia del interior de la Patagonia. A lo largo de su marcha presenció tristes y lamentables episodios: la epidemia que hizo estragos matando adultos y niños, quienes gemían lastimosamente mientras las mujeres emitían desgarradores lamentos; y también las disputas que terminaron con la vida de la mitad de los hombres, que caían atravesados por lanzas o acuchillados.

Exploradores de la talla de Moyano, Lista, Del Castillo y Moreno valoraron positivamente los aportes de Musters quien, según Moreno, fue un gran "consejero".

Afectivas referencias de Musters fueron expresadas por los nativos que integraron la caravana, con quienes tuvo un respetuoso y ejemplarizador trato. Recuerda Moreno que al leerles algunos párrafos del libro de Musters a un grupo de indios, la conocida india tehuelche llamada María, comentó: "Musters mucho frío tenía; muy bueno pobre Musters".

Ramón Lista y Fontana también escucharon referencias elogiosas sobre Musters a varios indígenas que pronunciaban claramente su nombre.

Cuando se despidieron, en Patagones, hubo muestras de efusividad y los tehuelches invitaron a Musters a regresar a la "pampa" lo "más pronto posible". El inglés obsequió a la señora Orkeke una olla de hierro y un chal, lo que la conmovió mucho. Los chicos se alegraron cuando les regaló pasas de uva, pan y golosinas y también el hijo del indio Hinchel cuando fue obsequiado con barajas. Cuenta Musters: *"A la mujer y a la hija de Jackechan, que se habían mostrado siempre muy bondadosas conmigo, las llevé al almacén y les dije que eligieran lo que más le gustaba: y en el acto, sin vacilar, las dos señalaron dos frasquitos de perfumes para los cabellos. Tengo que advertir, de paso, que toda esa familia era excepcionalmente limpia en sus ropas y personas, y prometí viajar en el toldo de ellas si volvía a la Patagonia, porque tenía entonces la vaga intención de ir por la costa del mar hasta el Chubut y, tal vez, hasta Santa Cruz. El hijo de Jackechan, el muchacho de pelo y tez claros, se ofreció para venir a Inglaterra y consentí en tomarlo a mi cargo, pero cuando supo que no había avestruces ni guanacos en el país adonde íbamos,*

cambió de parecer".

Desde su partida de Punta Arenas hasta la conclusión de su travesía en Patagones, Musters, en poco más de un año, recorrió unos 2.750 kilómetros. Tal hazaña le valió una honrosa comparación: fue llamado "El Marco Polo de la Patagonia."

Exploraciones y relevamientos geográficos

La apremiante necesidad de definir los límites fronterizos para resolver las diferencias de criterios con Chile, que había establecido una capitanía en la ribera sur del Río Santa Cruz creando alarma y preocupación en el gobierno argentino. Se hacía imperioso conocer en detalle el territorio patagónico, fundar poblaciones y radicar colonos. La

Francisco Pascacio Moreno

información disponible era escasa, pero con el surgimiento de jóvenes exploradores entusiastas y con abnegada vocación de servicio, el país pudo disponer de estudios, investigaciones y referencias ciertas que concluyeron con esa grave carencia.

En noviembre de 1873, el subteniente de Marina Valentín Feilberg, de 21 años, acompañado por cuatro ayudantes, parte con la misión de remontar el río Santa Cruz hasta su nacimiento. En diecisiete días llega al Valle del Misterio (nombre dado por Fitz Roy, quien llegó hasta allí en su frustrado intento por alcanzar la naciente del río). Feilberg y los hombres empiezan a sentir los efectos de la fatiga pero persisten y, al borde del agotamiento, llegan al lago donde nace el río; toman posesión del lugar y en un remo que clava Feilberg a manera de mástil hace flamear la bandera argentina, dejando un mensaje dentro de una botella. Exploran los alrededores y descubre un río que el perito Moreno bautizaría Leona, así como al lago lo denominó Argentino.

Ramón Lista

Otro explorador que brindó valiosos servicios fue Ramón Lista, estudioso de la geografía y las ciencias naturales, especialidades que profundizó en Europa. En 1878, antes de cumplir 22 años explora junto con el teniente Carlos María Moyano los ríos Santa Cruz, Chico y Chalía y meses después la Bahía San Antonio. En enero de 1885 parte con una expedición, a su cargo, que se desplaza desde Bahía Blanca hasta Deseado con incursiones en Choele Choel, Valcheta y la colonia galesa. Llega a Deseado y explora el río hasta El Pluma en pleno invierno.

Comisionado por el gobierno, en 1886 explora Tierra del Fuego; viaja en el transporte *Villarino* al mando del comandante Spurr, el capitán José Marzano con veinticinco soldados, el capellán José Fagnano y el médico Polidoro Segers. Anclan en la Bahía San Sebastián donde Lista inicia sus exploraciones partiendo temprano en la mañana, con un grupo de hombres. Inesperadamente, regresa al mediodía con heridos, trayendo prisioneros a tres indias heridas y seis niños. Lista informó que fue atacado por los onas viéndose obligado a defenderse con armas de fuego, matando a veintiséis indios. El capellán Fagnano y el comandante Spurr protestan por la matanza alegando que con persuasión y paciencia se podrían haber entendido con los indios.

Ramón Lista junto a mujeres indígenas durante una de sus expediciones, siendo gobernador de Santa Cruz. En ese entonces también era presidente de la Sociedad Geográfica Argentina.

Prosiguen con el relevamiento y días después tienen un encuentro con los onas pero el capellán y Segers, con ademanes y gestos cordiales se contactan pacíficamente con los nativos, pero en un encuentro posterior se produce otra lucha y los soldados matan a dos indios haciendo prisioneros a mujeres y chicos.

Nuevas exploraciones los conducen a Bahía Tetis desde donde zarpan para Ushuaia para concluir los relevamientos.

En 1887 Lista es designado para sustituir a Moyano en la gobernación de Santa Cruz; viaja en el *Magallanes* y la nave, al entrar en Deseado embiste una roca y naufraga. Lista continúa el viaje a caballo soportando un crudo invierno y meses después efectúa relevamientos en los lagos Argentino y Viedma.

Ramón Lista fue reconocido por su idoneidad y por su generosa disposición evidenciada en el cumplimiento de los servicios que le encomendaron, pero se le reprochó un "caracter impulsivo" a raíz de su conducta con los indios.

Carlos María Moyano

Una personalidad descollante entre los jóvenes exploradores fue el subteniente de Marina, Carlos María Moyano, quien llegó a conocer profundamente el territorio patagónico, sus necesidades y las soluciones apropiadas para su época.

Cumplió servicios bajo el man-

do de Luis Piedrabuena en la goleta *Santa Cruz*; en 1877 exploró la cuenca del río Santa Cruz junto con el perito Moreno recorriendo los lagos Argentino y Viedma y descubren el lago San Martín. Al año siguiente vuelve a explorar el río Santa Cruz y los ríos Chico y Chalía. Uno de sus relevamientos más importantes (costeado por él mismo como tantos otros) fue el recorrido del itinerario reali-

Carlos María Moyano fue un incansable explorador. Recorrió y llegó a conocer en profundidad la Patagonia, trazó la "ruta pobladora", fue el primer gobernador de Santa Cruz, fomentó la colonización y, entre otras tantas tareas, participó en la demarcación de límites con Chile.

zado por Musters entre Santa Cruz y Chubut, para verificar si era posible arrear ganado por tierra (a la manera india en vez de transportarlo por mar lo que provocaba gran mortandad de animales). Para ello debían contar con aguadas suficientes y pasturas, y de esa manera contribuir a radicar pobladores en San Julián, Santa Cruz y Deseado.

En ese recorrido lo acompañaron colonos, baqueanos e indios con cincuenta y cinco caballos y doce perros de caza. Con anterioridad, Moyano había presentado este plan al gobernador de la Patagonia coronel Álvaro Barros pero como éste no respondió, Moyano decidió costear los gastos con sus propios recursos. Concluida la marcha trazó un mapa donde quedó establecido el itinerario que fue llamado "ruta pobladora", utilizado luego para desplazar los arreos de ganado.

Así se suplantó el transporte de hacienda por vía marítima que ocasionaba un alto porcentaje de pérdidas. Un arreo de cien vacunos y dos mil quinientos lanares que partió de Choele Choel con destino a Deseado, demandó tres meses de marcha pero llegó en buen estado.

Carlos María Moyano viaja a Venecia para asistir a la Exposición de Geografía de 1881, en la cual Argentina presenta diversos trabajos científicos obteniendo veinte premios, la mayor cantidad otorgada a una nación en ese evento. Regresa a la Patagonia con el propósito de fomentar la instalación de nuevas colonias y participar en la

demarcación de límites con Chile, tarea que cumplió con gran eficiencia. En 1884 asume como gobernador de Santa Cruz, concluyendo su gestión en 1887.

Quienes acompañaron a Moyano en distintas fases de su fructífera acción para fomentar la evolución de la Patagonia, destacaron el talento, sencillez y tenacidad que ponía en su labor civilizadora.

Francisco Pascacio Moreno, el perito

La vigorosa labor desplegada por Francisco P. Moreno trascendió su desempeño como explorador, geógrafo y antropólogo y lo distinguió como un visionario, con un acertado sentido político para impulsar el desarrollo patagónico.

Sus exploraciones precedieron a la victoria militar sobre los indios, pero insistió que el sometimiento del aborigen no significaba necesariamente que triunfara la civilización. Expresó que coincidía con D. F. Sarmiento quien señalaba que acalladas las *"...armas de guerra quería llevar las armas de la paz y de la ciencia... para lograr un exacto conocimiento del suelo para su aprovechamiento inmediato utilizando la fuerza del arado, la única arma necesaria para conquistar el valle capaz de dar bienestar a millones de hombres una vez estudiadas esas tierras".*

"La filosofía indígena —continúa Moreno— respecto a las relaciones entre los dueños de los

El perito Moreno en su última visita al Nahuel Huapi

ROBERTO HOSNE

campos y los usurpadores, los blancos, les impone la venganza, pero esta no se realiza con tanto horror por parte de ellos como por parte nuestra. El indio es tradicionalista, recuerda en sus parlamentos los fusilamientos en masa de sus ascendientes, realizados por las fuerzas del tirano Rosas y tiene muy presente las que se realizaron casi a diario durante la Campaña al Desierto* (del general J. A. Roca)".

Moreno sostenía que el territorio patagónico se prestaba *admirablemente para la colonización y pueden convertirse en centros productivos de primer orden siempre que cese la actual forma de distribución de la tierra pública y se la entregue ésta a los que puedan hacerla valer por el trabajo personal*".

Era notorio que a Moreno le indignaban *las concesiones de tierras otorgadas a granel*" que efectuaba el gobierno *a los potentados de la bolsa*". Recalcaba: "Decenas de leguas están en poder de un solo afortunado*".

Recomendaba el desarrollo de las vías de comunicación entre los Andes y el Atlántico, la implantación de explotaciones forestales y la extensión del ferrocarril abarcando la región andina, Chubut, Neuquén y Río Negro hasta el puerto de San Antonio.

Los conocimientos acerca de la naturaleza patagónica, sus recursos, y la contribución científica para la elaboración de su cartografía, inspiraron al ministro de Obras Públicas Ezequiel Ramos Mejía, quien contrató luego al geólogo norteamericano Bailey Willis para realizar diversos estudios de factibilidad que culminaron en el importante proyecto "Ciudad Industrial de Nahuel Huapi".

Ramos Mejía fue ministro de los presidentes Roca, Figueroa Alcorta y Sáenz Peña. El proyecto que intentó llevar a la práctica fue atacado y saboteado en instancias oficiales, en el parlamento, por los "potentados" latifundistas y por las empresas inglesas propietarias de los ferrocarriles.

En su proyecto Bailey Willis afirmaba: *...en una fecha no muy lejana la fuerza hidroeléctrica del Limay será utilizada para la*

Expedición de Francisco P. Moreno al lago Traful.

El cacique Saihueque fue el último en rendirse.

producción de tejidos de lana y de punto con los finos vellones de los merinos de Río Negro y el Neuquén; otros productos de lana con las materias bastas del Chubut y Santa Cruz; artículos de cuero con los materiales de los frigoríficos; muebles y otros productos de madera, inclusive las sustancias químicas de las selvas de haya que se adapten mejor a la fabricación en el sitio mismo; y de los nitratos atmosféricos para abonos".

Willis proyectaba lavar y procesar la enorme producción de lana (se mandaba sucia afuera), en la Patagonia, dando lugar a un complemento industrial textil. Se contemplaba producir papel con la pulpa de la madera de coligüe, para lo cual se mandó una muestra a un laboratorio de Estados Unidos que demostró su factibilidad; y erigir también una central hidroeléctrica en el Limay que estimó Willis de un potencial mayor a la del Niágara, entre otros importantes proyectos que contaban con el apoyo entusiasta de Francisco P. Moreno y el ingeniero Emilio Frey, según Willis: "hombre de confianza y brazo derecho del doctor Moreno".

En la marcación de los límites fronterizos con Chile el desempeño del perito Moreno fue decisivo, al punto que el árbitro inglés coronel Thomas Holdich le dijera en una carta enviada en 1902: *"He afirmado repetidamente que todo lo que obtenga el Gobierno Argentino al Oeste de la división de aguas continentales, se deberá exclusivamente a usted".*

Como se advierte, la multifacética acción de Moreno es altamente productiva y beneficiosa para el país, en la que sobresalen méritos de valor científico, calidad literaria y riesgosas aventuras en las que se jugó la vida; como en la ocasión en que se fugó de las tolderías de Saihueque:

Memorable fue la huida de Moreno de la toldería de Saihueque, cuando su vida corría un serio peligro. Secundado por dos ayudantes, sigilosamente, llegaron en plena noche al Collon Curá e improvisaron una balsa. Navegando hasta el Limay y bajaron hasta Neuquén.

Indios de lanza, mujeres y chicos prioneros con los caciques Inacayal y Foyel en los cuarteles del 8 de línea.
Moreno acudió al llamado de Inacayal y solicitó su regreso al Sur.

"Yo pensaba: morir estando tan cerca después de lo que he pasado cuando el lago (Nahuel Huapi) ya no es un misterio, cuando he relevado miles de lenguas fértiles que se creían desiertas, cuando acabo de demostrar con el descenso en balsa que el río (Limay) es navegable y que los saltos que se decía tener y que yo había negado no existían".

Prisionero en la toldería de Saihueque, en ocasión de los combates librados entre el ejército y los indios, un hechicero de la tribu insistía en que Moreno y sus dos acompañantes debían morir para expiar la muerte de los indios, a la manera de "toros y brujas", arrancándoles el corazón a la orilla del río.

Por la noche, cuando todos dormían logran fugarse y llegar al río Collón Curá donde improvisan una balsa con troncos de sauces; desde allí se desplazan hasta el Limay para bajar hacia el Neuquén. Relata Moreno: *"Terribles dolores en la espalda y en la cintura debidos al* gran esfuerzo hecho dentro del agua me inutilizaron y allí Melgarejo (uno de sus ayudantes) tuvo que sostenerme para que no cayera al río".* Varios días después se ven obligados a abandonar la balsa porque ya no tenían fuerzas para guiarla. Siguen a pie, hambrientos, tomando agua casi podrida de los charcos. Cuando ya creían que las fuerzas los abandonarían definitivamente y solamente debían tenderse a esperar la muerte, Moreno distingue "un bulto oscuro que no conocía", ¿Será un fortín?

Disparó varios tiros de su revólver y oyó: "Alto! ¿Quén vive?"

—Moreno, escapado de los toldos.

—Estamos salvados, —les dijo a sus exhaustos ayudantes—. Es un fortín.

Por ley Nº 4192 Francisco P. Moreno es recompensado por los servicios brindados a la Nación con una cesión de tierras junto al lago Nahuel Huapi. Expresó: *"...admiré lugares excepcionalmente hermo-*

sos y más de una vez enuncié la conveniencia de que la Nación conservara la propiedad de algunos para el mejor provecho de las generaciones presentes y de las venideras...". Fiel a sus convicciones dona tres leguas cuadradas *con el fin de que sean conservadas como parque natural*. Fue el núcleo del futuro Parque Nahuel Huapi.

Luego de su segunda expedición al Nahuel Huapi, Moreno hace un paréntesis y viaja a Europa para realizar estudios e investigaciones. En París asiste a los cursos que dicta en la Universidad el científico Pablo Broca, su maestro y amigo. Durante su estadía en Francia, tanto en la Sorbona como en las sociedades científicas, le ofrecen la tribuna recibiendo muestras de afectuoso respeto. En Londres, donde es estimado por sus conocimientos, concurre al Museo Británico y al South Kensington, dedicándose a la investigación de la evolución de la especie humana según la concepción antropológica.

El Museo de La Plata, bajo su dirección, se convirtió en la primera institución científica del país.

La campaña militar

Hacia 1860 en la guerra contra el indio no se vislumbraba su final. Estanislao Zeballos llegó a afirmar: *"Los indios paseaban los campos como conquistadores invencibles, el ejército estaba desmoralizado, el espíritu de la Guardia Nacional aterrado y el vecindario en plena desolación"*.

El teniente coronel Eduardo Ramayón subrayó que el indígena: *"...provisto de caballos que parecen de acero por lo fuertes, que vuelan y que corren por la Pampa infinita (...) tendrán en perpetua alarma y angustiosa expectativa al país, amenazándolo en cien puntos a la vez"*.

En 1878 el presidente Avellaneda designa ministro de Guerra al General Julio A. Roca, que reemplaza al fallecido Adolfo Alsina. Roca lleva la guerra al te-

Una de los tantos patrullajes militares en las primeras estribaciones andinas persiguiendo a los indios.

Puesto telegráfico militar del fuerte próximo a la confluencia de los ríos Negro y Limay.

rritorio indio organizando ataques simultáneos desde diferentes posiciones con la intención de aniquilar o poner en fuga a las fuerzas indígenas; al final de ese año cumple exitosamente la primera etapa de su plan y de acuerdo con la cifras suministradas, infligió a los indios severas pérdidas, tomando cuatro mil prisioneros y matando a cuatrocientos.

En 1879, emprende la segunda fase de su plan movilizando a seis mil soldados organizados en cinco divisiones al mando del general Roca y los coroneles Nicolas Levalle, Hilario Lagos, Napoleón Uriburu y Eduardo Racedo.

En Buenos Aires la oposición política tomó en broma a la expedición alegando que se movilizaba para dar un "paseo militar". Domingo F. Sarmiento, escribía en *El Nacional*: *"... da vergüenza pensar que se haya necesitado un poderoso establecimiento militar, y a veces ocho mil hombres, para acabar con dos mil lanzas que nunca reunirán los salvajes".*

Es que la suerte ya estaba echada: la utilización del "remington"

fue determinante y con esa arma la astucia y la osadía india eran impotentes. La resistencia principal estaba enquistada en la cordillera y los coroneles Lorenzo Vintter en Río Negro, y Conrado Villegas en Neuquén, llevaron a cabo las ofensivas decisivas.

En los ejércitos se enrolaban topógrafos, ingenieros, sacerdotes y marinos que participaron en la fundación de colonias y pueblos, realizando estudios y relevamientos. El desconocimiento de las regiones donde incursionaba la tropa, y en otros casos las escasas referencias topográficas que se dis-

Remington "Argentino" con el obturador giratorio abierto para permitir la introducción del cartucho en la recámara.

Expedicionarios atravesando las frías y correntosas aguas del río Aluminé en dirección de la cordillera.

ponían, impusieron enormes sacrificios a jinetes y caballadas. Las condiciones de vida del fortín fueron extremadamente duras y penosas.

En 1885 se rinde en Junín de los Andes el gran cacique Saihueque, lo que determina, virtualmente, el final de los "indios de lanza". Paulatinamente se van apagando los focos de resistencia aborigen.

Un hecho criticado, bochornoso, fue la captura del centenario cacique Orkeke, cuya calidad humana destacaron Musters, Lista, Moyano y Moreno. Enviado a Buenos Aires por orden de Vintter. Ya en

Un grupo de soldados revistados por el teniente coronel Manuel Ruibal, antes de salir a patrullar.

Buenos Aires, Moyano y Lista visitaron a Orkeke y le ofrecieron ayuda para regresar a la Patagonia pero no aceptó; poco después, moría en un sitio tan extraño para él.

Con el devenir de los años quedó claramente demostrado el incumplimiento de las sucesivas autoridades gubernamentales en el sentido de asistir y proveer de tierras a los aborígenes para garantizar su subsistencia. Y tampoco los soldados fueron compensados; el comandante Manuel Prado destacó que se habían conquistado veinte mil leguas de territorio y *"...que esa inmensa riqueza hubo pasado a manos del especulador, que la adquirió sin mayor esfuerzo ni trabajo (...) despilfarrada en muchos casos, la tierra pública, marchanteada en concesiones fabulosas de treinta y más leguas, al ver la garra de favoritos clavada hasta las entrañas del país... daban ganas de maldecir la gloriosa conquista".*

El frente naval

El 8 de noviembre de 1878 zarpa de Buenos Aires, bajo el mando del comodoro Luis Py, la División Naval integrada por el monitor *Los Andes,* la cañonera *Uruguay* y la bombardera *Constitución* a falta de naves de guerra de mar que el país no disponía.

Py tenía el mandato de reintegrar a la soberanía argentina la capitanía sobre el río Santa Cruz ocupada por una fuerza chilena. El entredicho provocó una crisis entre ambas naciones porque los chilenos, pretextando que era un área bajo su dominio hostigaban a las barcos que navegaban con permiso argentino.

Tal fue el caso de la nave francesa *Jeanne Amélie,* que cargaba guano en Monte León. La cañonera chilena *Magallanes* apresa a la embarcación francesa recriminándole que estaba en aguas chilenas y la obliga a navegar a Punta Arenas, pero naufraga frente a Punta Dungenes; la tripulación se salva, pero el gobierno argentino reclama a Chile el pago de los daños y perjuicios a los franceses además de una sanción al capitán de la cañonera.

El gobierno chileno alega que actuó en aguas soberanas y rechaza el reclamo argentino. Tiempo después la *Magallanes* reincide y detiene frente a Monte León a la nave norteamericana *Devonshire,* que extraía guano con licencia argentina. Ante esta situación el gobierno envía a la flotilla comandada por el comodoro Py.

Ilustración del libro de Julio Verne El faro del fin del mundo, publicado en 1905. Esa imagen fascinó a los lectores de todo el mundo y contribuyó a acrecentar la leyenda de los mares australes, labrada por casi cinco siglos de fantásticos relatos de intrépidos navegantes.

Para los primeros días de diciembre toda la División Naval está en el área en litigio pero no se libraron combates porque los chilenos habían desmantelado la capitanía y evacuado la zona invadida.

El pabellón argentino ondea en el lugar y a continuación se instala en Cañadón Misioneros la Sub Prefectura cuyo responsable sería el teniente Carlos María Moyano, afirmando la total restitución de la soberanía. Un año después se instala otra dependencia similar en Puerto Deseado.

Argentina y Chile firman el 23 de junio de 1881 un tratado que salvo ligeras precisiones, sería el vigente. A raíz de ese virtual entendimiento el 24 de setiembre de 1883 el Poder Ejecutivo ordena el establecimiento de subprefecturas en la isla de los Estados y Ushuaia, Tierra del Fuego a cargo del teniente de Marina, Félix Paz y Alejandro Virasoro y Calvo, respectivamente.

Se organiza la División Expedicionaria al Atlántico Sur, compuesta por seis modestas naves al mando del coronel de Marina Augusto Laserre y el 18 de abril de 1884 arriba a la bahía San Juan del Salvamento, isla de los Estados, para instalar la subprefectura, un faro y las instalaciones que alojarán al contingente de cuarenta hombres al mando del subprefecto Paz. Desembarcan diez presos militares que serían alojados en el presidio que empezaría a funcionar en la isla.

En Punta Laserre, Isla de los Estados,
estuvo emplazado el Faro del Fin del Mundo,
inaugurado el 25 de mayo de 1884
cuando ancló la División Expedicionaria
comandada por el coronel Laserre.
Su mención despertaba una sugestiva curiosidad.

Ushuaia

La División Expedicionaria continúa rumbo a Ushuaia donde cumplía su labor evangélica el Rvdo. Thomas Bridges, quien había sucedido al Rvdo. Waite Stirling, fundador, en 1869, de la Misión anglicana. En 1870 Ushuaia es un refugio que brinda asistencia y hospitalidad a los náufragos y barcos en peligro, figurando como tal en las cartas de navegación. El pastor Stirling desarrolló una tarea civilizadora ganándose el respeto de los nativos. Bridges continuó su labor misionera con la misma abnegación y constancia, pero las progresiva ex-

Una sinuosa calle de Ushuaia en la década de 1930.

El presidio de Ushuaia (hoy museo) se empezó a construir en 1902 y se terminó en 1920, construida por los mismos presos. El viaje desde Buenos Aires duraba un mes que transcurrían hacinados en la bodega con grilletes en los tobillos unidos por una barra, las manos atadas, sujetas por una cuerda a los grilletes. No podían dar pasos de más de veinte centímetros. Ya en prisión se congelaban por el frío y el viento que los crispaba durante todo el tiempo. Un alcalde, un tal Faggioli, implantó el terror durante muchos años; repetía: "Aquí, sino anda el garrote no es-posible mantener la disciplina. Así se mueren más rápido, total no hacen ninguna falta." La prisión fue clausurada en 1947.

tinción de los indios a causa de las enfermedades haría innecesaria finalmente, la acción misionera. En octubre de 1884, una epidemia de sarampión que duraría hasta diciembre, mata a más de la mitad de los yaganes. Dos años después la neumonía y la tuberculosis diezman a los sobrevivientes.

Bridges había llegado a Tierra del Fuego procedente de las Malvinas en 1871, con su esposa Mary Ann Varder y Mary, su hijita de nueve meses. Fueron los primeros blancos que se establecieron en forma definitiva; en junio de 1872 nace Thomas Despard Brudges, el primer niño varón blanco nacido en Tierra del Fuego, sumando entonces siete los habitantes blancos. Un año después desembarcan en Ushuaia quienes también serían residentes permanentes: John Lawrence, su esposa Clara Martín de Lawrence y la hijita de ambos Louisa. Aún no había ningún médico en Ushuaia.

Cuando arriba la Divisón Expedicionaria los integrantes de la Misión le brindan una cordial recepción (son ocho adultos y doce niños, únicos blancos de Ushuaia hasta ese momento); ondeaba el pabellón británico que en una especial ceremonia fue arriado para izar la bandera argentina. El 12 de octubre de 1884 se procede a la fundación oficial argentina de la ciudad de Ushuaia; entra en funciones la Sub Prefectura y Laserre, cumpliendo instrucciones del Poder Ejecutivo, agradece al Rvdo. Brid-

ges la acción humanitaria de los anglicanos, dando estado público *"...a la firme resolución del gobierno nacional de proteger por todos los medios posibles la Misión aquí establecida, viendo que sus propósitos armonizan enteramente con las ideas de progreso y civilización del gobierno".* Queda en tierra Luis Fique, quien sería al primer argentino con residencia permanente en Tierra del Fuego.

En setiembre de 1886 Thomas Bridges deja la Misión y se convierte en ciudadano argentino; el presidente Roca, como gratificación por su labor humanitaria con los nativos y por haber dado refugio a los náufragos, le concede tierras lo cual da lugar a que Bridges funde en Harberton la primera estancia en Tierra del Fuego.

La División Expedicionaria hizo una vasta labor de relevamiento, instaló balizas, y aportó información útil para crear condiciones institucionales que le dieran a la Nación un mayor control de la región.

La fiebre del oro

En 1885 la nave francesa *Artique* zozobra cerca de Cabo Vírgenes y para rescatar la carga envían desde Punta Arenas una dotación de hombres que se pone a trabajar de inmediato y, como solía ocurrir en estos siniestros, una parte era rescatada y otra (mayor aún) era saqueada.

Pero en esa ocasión la codicia no la provo-

Julius Popper

có el despojo de la nave, hecho repetido en los naufragios, sino el inesperado hallazgo de pepitas de oro en la playa. Estalló la euforia, la noticia circuló como un relámpago por todas partes y empezaron a llegar buscadores de oro, ávidos de riqueza. Los mineros levantaban campamentos en Cañadón de los Franceses, Lucacho y Zanja a Pique, sin autoridades que impusieran normas o adjudicaran concesiones, lo cual dejaba librado a la prepotencia o a las agallas de cada buscador de oro hacerse de un sitio y sostenerlo siempre alerta.

Los primeros en llegar fueron los provenientes de Punta Arenas; luego loberos norteamericanos y chilenos, y finalmente de todas partes; desde Buenos Aires viajaron muchos "austríacos", que en realidad eran dálmatas y se los llamaba así porque Dalmacia formaba parte del imperio austro-húngaro. Empeñosos, duros, no se daban tregua y se destacaban entre la diversidad de buscadores de oro ("oreros"), algunos de dudosa índole y otros, simplemente desesperados.

Y hubo quien los consideró brutales y miserables, *"marineros desertados, presi-*

Julius Popper, un personaje impredecible, creó su propio poder, un ejercito privado, emitió moneda y sellos postales con su nombre o sus iniciales.

Soldados de Popper persiguen y abaten indígenas que habían entrado en su campo. Estos asesinatos no fueron óbice para que pronunciara una conferencia profundizando en la idiosincrasia aborigen, resaltando con sorprendente penetración sus cualidades y hasta justificando sus reacciones frente a la agresión del hombre blanco.

Popper (derecha) y un colaborador haciendo mediciones en la costa del río Grande, en 1887.

Los buscadores clandestinos eran la pesadilla de Popper, y cuando merodeaban por su establecimiento los espantaba a balazos.

Un buscados de oro (orero) escruta el lavadero.

diarios, evadidos, gente de todas las razas acostumbrada tanto a la reclusión completa como a la vida constante al aire libre", quien así opinaba era Julius Popper, un culto ingeniero rumano formado en Francia, que dominaba varios idiomas y había establecido importantes vínculos con influyentes y opulentos personajes de Buenos Aires.

El también, seducido por el oro, los convenció para formar en 1887, la Com-

pañía Anónima Lavaderos de Oro del Sur; Popper se trasladó a Cabo Vírgenes y estimó que la zona, invadida por una multitud de "oreros", estaba casi agotada, por lo que viajó a Tierra del Fuego y luego de varias exploraciones —descubrió el río Grande—, se estableció en El Páramo, al norte de la bahía de San Sebastián.

El área donde Popper instaló la Compañía le permitió extraer un kilo de oro fino por día; y al saberse en Cabo Vírgenes lo que producía El Páramo, bandadas de "oreros" que ya no obtenían pepitas en el emplazamiento original, empezaron a merodear las instalaciones de Popper. Este disponía, con autorización gubernamental, de una guardia armada que en no pocas ocasiones debió alejar a balazos a los intrusos.

Si bien Popper tenía importantes relaciones en Buenos Aires, que le valieron el otorgamiento de importantes concesiones de tierra, no tenía aceptación entre los gobernadores locales Félix Paz y Mario Cornero. Estos le oponían todo tipo de resistencias y trataban de limitar sus actividades, recelosos de sus encumbradas influencias en Buenos Aires y en Punta Arenas, de su talento y su ímpetu dominador, llegando a emitir estampillas con sus iniciales o apellido y acuñar moneda con su nombre.

Popper se distinguió por sus conocimientos de geología, geografía, meteorología y agronomía, expresados en una memorable conferencia que pronuncio en julio de 1891 en el Instituto Geográfico Argentino. Hizo una aguda interpretación de los nativos y aportó iniciativas para incorporarlos a la vida civilizada; dio el nombre de Mar Argentino al comprendido entre el Cabo de Hornos y Tierra del Fuego. Se dijo de Popper: "Investigaba a la naturaleza y a los seres humanos. Nada escapaba a su análisis, estaba siempre alerta".

Popper estuvo en la Argentina durante casi ocho años; había nacido en Bucarest en 1857 y falleció en Buenos Aires en 1893, dejando, según sus íntimos, "más deudas que bienes".

Poblamiento. Los pioneros

La Patagonia ocupa la tercera parte del territorio argentino continental. Su problema, hasta ahora insoluble, es su poblamiento; además de los frustrados intentos españoles de colonización, a lo largo de tres cen-

turias, también se sucedieron desafortunadas experiencias bajo la soberanía argentina hasta que finalmente pudieron asentarse habitantes, aunque con suerte dispar.

En ciertos casos fueron radicaciones individuales o de una sola familia, expuestas a duras condiciones de vida, castigadas por un clima inclemente, como en los casos de las familias Rouquaud, en 1872, o el matrimonio Albarracín, en 1880. Hasta entonces, en los casi ochocientos mil kilómetros cuadrados del territorio patagónico los asentamientos se limitaban a Carmen de Patagones, la colonia galesa del Chubut y el establecimiento de Luis Piedrabuena en Santa Cruz.

El industrial francés Ernesto Rouquaud, llegado a la Argentina en 1841 se estableció en Avellaneda con una planta elaboradora de grasas y aceites. Su fábrica era próspera hasta que el flagelo de la fiebre amarilla, en 1870, provocó una parali-

Colonos acompañados por soldados marchan en caravana a radicarse en Río Negro.

zación generalizada de la producción. Una conversación que mantuvo con Luis Piedrabuena lo indujo a radicarse en Santa Cruz junto con su esposa y sus nueve hijos, y establecerse en Cañadón Misioneros con una grasería y una fábrica para industrializar pescados.

No tarda en advertir que necesita barcos de pesca para salir al mar porque en el río la captura es escasa; además surgen problemas con el personal, que siente al lugar tan hostil como deprimente y, por otra parte, Chile reclama como propia esa zona de Santa Cruz, lo cual crea una amenaza de conflicto. Rouquaud viaja a Buenos Aires para solicitar ayuda en caso de un ataque chileno y el presidente Sarmiento le promete asistencia.

Granja Tauschek, a orillas del Nahuel Huapi.

A su regreso se entera de la muerte de su hijo Pablo, de diecisiete años que murió ahogado cuando intentaba recuperar un bote. A la vez aumentaba la deserción del personal que no toleraba ese sitio y no tenía mayores esperanzas acerca del futuro del establecimiento. Luego fallece la esposa de Ernesto Rouquaud a raíz de un síncope cardíaco, lo que abate a toda la familia y los predispone a alejarse de ese paraje que les resulta tan patético; la amenaza de un enfrentamiento armado con los chilenos siempre está latente y es una razón más para emprender el regreso. Así concluye en un penoso fracaso el emprendimiento de Rouquaud.

En 1879 el gobierno dispone la instalación de una subdelegación marítima en Deseado y tiempo después envía al marino italiano, capitán Antonio J. S. Oneto, a explorar el curso inferior del río Deseado, tras lo cual sugiere la instalación de una colonia en el lugar, la que es autorizada. Si bien Oneto pretendía radicar veinticinco familias sólo se inscribieron cinco, que totalizaban veinte

Arrieros en la desolada meseta patagónica.

El dinamarqués Andreas Madsen llegó al país a los 22 años y trabajó en la Comisión de Límites bajo la conducción de Ludivico Von Platten. Concluida la tarea se encaminó decididamente al cerro Fitz Roy y se instaló a sus pies, junto al río de Las Vueltas. Cada mañana se gratificaba con el paisaje que lo deslumbraba. Ocupado durante dos meses en construir la cabaña no sintió la soledad. Levantó, de a poco, las construcciones que vemos en la fotografía, forestó y cultivó, pero no se convirtió en "lanífero", como llamaba a los hacendados ovejeros. Trajo a su mujer de Dinamarca y tuvo tres hijos.

personas, secundadas por ocho carpinteros que las acompañaron para construir las viviendas.

El viaje en el barco *Loire,* que zarpó de Buenos Aires en junio de 1884, al iniciarse el invierno, motivó críticas por el hacinamiento a que sometían a los hombres, quienes viajaban vestidos en la bodega. "Mandar a las familias a que empiecen a sufrir los rigores del desamparo es hacer un mal negocio a sabiendas", objetaba la prensa.

En un principio las carretas cargadas con fardos de lana enfilaban hacia la costa para su embarque, tiradas por lentos bueyes. Pero ese trayecto demandó menos tiempo cuando los bueyes fueron suplantados por... caballos. Dura tarea la del carrero patagónico enfrentando temperaturas extremas e inclementes, nevadas y tormentas, vientos tan pertinaces como irritantes, vadeando riesgosas corrientes y atravesando huellas intransitables.

Cuando hacen escala en Carmen de Patagones los colonos quieren descender del barco y quedarse allí pero Oneto les impide desembarcar asegurándoles que los acomodaría de manera más confortable, sin embargo, a pesar del ya reducido espacio embarca ovejas, cerdos y aves de corral.

En Deseado, los colonos se ubican en ambas orillas del río, y una balandra navega de una a otra ribera estableciendo la comunicación. Cuando se instalan, en condiciones muy precarias, deben soportar alternativamente lluvias y nevadas. Beatriz Viricart, que llegó a Deseado cuando tenía diez años, relataría: *"Nos instalamos en las ruinas del antiguo fuerte de los españoles (pertenecía a la Real Compañía Marítima abandonada en 1807). Contra esos muros cada familia trató de dividirse con sus armarios y otros muebles. De noche las señoras tenían que esperar que los hombres se acostaran para hacerlo a su vez a oscuras. La cocina se instaló en un rincón de los muros. Eso era vivir peor que los gitanos. Pero faltaba aún lo peor: la comida. En aquellos cincuenta y cinco días pasados en las ruinas nuestro principal alimento fueron los mejillones: los víveres habían llegado casi todos averiados".*

Casi un año más tarde arriban los dos mil quinientos lanares y cien vacunos que les envía el gobernador Vintter y dos semanas después los yeguarizos. Oneto asigna las parcelas a los colonos y reparte el ganado. Debían estar siempre alertas porque los pumas causaban estragos entre los ovinos.

Imprevistamente fallece Oneto a causa de una pulmonía doble; los colonos persisten y no abandonan la colonia a pesar de las duras condiciones de vida que soportaban. Los contrastes continuarían aún... En junio de 1887 trata de fondear en Deseado la nave *Magallanes,* en la que viajaba Ramón Lista, nuevo gobernador de Santa Cruz, junto con otros funcionarios que prestarían servicios en ese Territorio y en Tierra del Fuego. El barco

Antes de avanzar con el automóvil observan el estado del puente en las proximidades de Primeros Pinos cuando caía la tarde.

transportaba abastecimientos que eran aguardados en Deseado, Río Gallegos, Ushuaia e isla de los Estados.

El *Magallanes* fue arrastrado por la correntada y embistió la "Piedra del Diablo", lo que le abrió un rumbo que provocó su naufragio; ciento veinte tripulantes se salvaron pero tres murieron y el cargamento se perdió en su totalidad.

En Deseado, que esperaban las provisiones ya que las que disponían eran escasas, el siniestro causa preocupación y alarma porque debía proporcionarles a los náufragos alojamiento y comida de los que no dispone.

Ante la emergencia Lista partió a caballo con un grupo de hombres para solicitar ayuda en Punta Arenas, pero en Deseado creían que esa ayuda, si llegaba, tardaría demasiado por lo que un carpintero, secundado por dos pilotos y tres marineros aparejan una ballenera y zarpan rumbo a Patagones.

Al llegar, informan telegráficamente a Buenos Aires del siniestro y la ayuda no tarda en ser diligenciada; la nave asignada recoge a los náufragos y descarga las ansiadas provisiones en Deseado.

Pero conmueve a los colonos una noticia que no es de su agrado: Lista ocupa la gobernación y sugiere al Poder Ejecutivo que levante la colonia de Deseado porque sin estudio previo, ni conocimiento alguno del terreno, "fue a plantarse en el paraje más árido de la Patagonia". En setiembre de 1887 el presidente Juárez Celman toma en cuenta el consejo, disuelve la colonia y cesantea al personal adscripto, ordenando que las instalaciones, propiedad del gobierno —casillas de madera y chapa—, se desmantelen y despachen a Río Gallegos junto con la hacienda que sea de propiedad oficial.

Dos hacendados ingleses conversan junto a un carreta de la estancia Mount Aymond,
en Río Gallegos, durante la temporada de embarque de la lana.

El puma (felis concolor) es el mayor depredador de la Patagonia, una grave amenaza para los criadores de ovejas. En la colonia de Deseado, por ejemplo, fueron un azote: en una sola noche mataron más de ciento cincuenta animales.

En las proximidades de Río Turbio, el colono alemán Ernst von Heinz encontró en una caverna un gran trozo de cuero y huesos de un animal que supuso milenario. Se puso en comunicación con el Museo de La Plata que se movilizó sin tardanza. Así fue reconstituído el mylodón, animal prehistórico de la Patagonia.

Los colonos deciden quedarse y tiempo después logran que les asignen por decreto cien hectáreas, concesión bastante miserable si se tiene en cuenta que en otras zonas de Santa Cruz se otorgaban de veinte a cuarenta mil hectáreas, a veces de calidad superior que la de los sacrificados pioneros de Deseado.

Sin embargo el asentamiento se va consolidando y el l9 de diciembre de 1899 se dispone la fundación de la ciudad de Puerto Deseado.

Al comenzar la década del '80 el gobierno nacional promocionaba la colonización de Santa Cruz, aunque en ciertos casos como en Deseado o en la precordillera las concesiones a los colonos o eran mezquinas o no estaban firmes, ocurriendo lo contrario con las enormes extensiones que se facilitaba al latifundio.

De acuerdo con una ley, se concedía a cada familia que se radicara una legua a orilla del río Santa Cruz; quinientas ovejas, tres yeguarizos, dos vacas, una casilla desarmable y útiles de laboreo. Después de cinco años continuos de explotación la tierra pasaba a ser propiedad del colono pero debía reintegrar al Estado la hacienda y las herramientas dadas en préstamo.

El teniente Gregorio Albarracín, que había combatido en la guerra del Paraguay y en la Campaña del Desierto, decide abandonar el ejército y dedicarse a la actividad agropecuaria. Se inscribe en la Dirección de Tierras donde se entera que integrarará un grupo de diez familias colonizadoras, pero cuando en mayo de 1880 está a bordo del velero *Santa Rosa*, advierte que solamente él y su esposa María Salomé González de Albarracín de dieciocho años, son los únicos que viajan en calidad de colonos.

De las quinientas ovejas asignadas sólo la mitad llegó con vida pero según le exigió el comisario de la colonia debió firmar por el valor de quinientas, de lo contrario debía regresar a Buenos Aires en la misma nave.

Arman la casilla en Cañadón Pescadores teniendo como únicos vecinos en la cercanía a la familia de Gregorio Ibáñez y su mujer Gregoria, chilena con cinco hijos.

Qué triste esa tierra entonces, recordaba la jóven María Salomé, *"los fuertes vientos arremolinados envolvían nuestra casa de una continua nube de tierra y arena que nos hacía imposible la vida...",* salían tomados de la ma-

La sufrida colonia de Puerto Deseado, inicialmente integrada por cinco familias embarcadas torpemente en invierno por autoridades incompetentes, viajando por mar en pésimas condiciones, padeciendo innecesariamnete, improvisó su campamento junto a las ruinas de las construcciones españolas. Una niña que entonces tenía 10 años, recordaba: "...nevaba y llovía... Contra esos muros cada familia trató de dividirse con sus armarios y otros muebles".

no *"... porque sólo así se podía caminar".*

En esas condiciones el trabajo era muy duro y no siempre se obtenían los resultados esperados; cuando los barcos se demoraban Albarracín debía recorrer unos quinientos kilómetros hasta Cabo Vírgenes, y comprar provisiones en algún campamento de buscadores de oro.

Cuando nació su hijo Francisco Luis, él estaba en Misioneros y María Salomé, que esperaba el nacimiento del bebé para días más tarde, se encontraba sola. Pero pudo mandar a buscar a la señora Ibáñez por alguien que pasaba casualmente por su casa y así pudo ser asistida.

Permanecieron cuatro años viviendo en esas difíciles condiciones hasta que Albarracín enfermó y decidieron emprender el retorno definitivo a Buenos Aires. *"En realidad, si alguna ganancia obtuvimos fue comprando a los indios plumas y quillangos que revendíamos..."* recordaría María Salomé González de Albarracín.

La Patagonia se caracterizó por su despoblamiento. Durante y después de la conquista militar la principal actividad económica fue la explotación de la ganadería ovina, que requería escasa presencia humana, principalmente peones chilenos que se trasladaban anualmente para época de esquila y vivían solos, sin familiares. En estas condiciones de contratación no había cabida para colonos argentinos nativos ni para inmigrantes. El Censo Nacional de 1895 registraba 500 habitantes permanentes en Río Gallegos, distribuidos en latifundios; 150 habitantes en Santa Cruz, 60 en San Julián y 50 en Deseado. De ese pocentaje, de por sí bastante exiguo para tanta extensión territorial, los europeos totalizaban 750 y los argentinos nativos una decena. El número de varones, 748, y el de mujeres 310, determinaba que era una tierra de hombres.

La forma de explotación extensiva de la ganadería ovina aglutinó a escasos pobladores por la utilización de mano de obra temporaria. Por otra parte, la relativa colonización se efectuó en detrimento de la población indígena. Muy pocos nativos sobrevivieron, sometidos a degradadas condiciones de vida, marginados de la sociedad.

Los Newbery

Ralph Lamartine y George Harkness, hijos del médico inglés Edward Newbery, nacieron en Long Island, Nueva York. El mayor, Ralph, escapó de su casa en 1861, a los catorce años, para enrolarse como tambor en el ejército yanqui durante la Guerra de Secesión; es hecho prisionero en la famosa batalla de Gettysburg, la más sangrienta que libraron las fuerzas del Norte y el Sur, y liberado en 1865, al finalizar de la guerra. Sus padres querían verlo médico, pero prefirió una carrera más corta y egresó como dentista en 1869. Viajó a América del Sur buscando donde establecerse y después de visitar Brasil y Uruguay se radicó definitivamente en la Argentina, siendo bien recibido por la colectividad anglonorteamericana en virtud del prestigio profesional de que gozaban los dentistas norteamericanos. Contrajo matrimonio en 1873 con Dolores Celina Malagarie, joven de origen vasco francés, con la cual tuvo doce hijos, entre ellos Jorge Alejandro, pionero de la aviación argentina.

En su consultorio Ralph atendía a descollantes personalidades de la época, entre ellas el presidente Roca, quien lo instó a comprar tierras para su explotación. Ralph, entusiasmado con la idea, invirtió en la compra de 1800 hectáreas en Lincoln, Buenos Aires y campos en San Luis y en Nahuel Huapi, desde el Limay hasta el Traful. Convocó a su hermano George, entonces en los Estados Unidos, para que participara con él en la explotación del campo.

Luego de diplomarse de dentista, en 1877, George viajó a Buenos Aires optando luego por radicarse en Nahuel Huapi. Sin embargo, ninguno de los dos hermanos tenían el menor conocimiento de las tareas rurales.

En 1890, de paso por Buenos Aires, George es sorprendido por el movimiento revolucionario cívico militar que se sublevó contra el gobierno de Juárez Celman, y junto con el médico norteamericano Dion Thomas improvisan en una ochava un puesto de primeros auxilios para socorrer a los heridos en los enfrentamientos que quedaban tendidos en la calle.

En 1891 Ralph Newbery viajó a Nueva York a visitar a sus padres, y a contratar cowboys en Texas para que trabajarán en sus campos. Al tiempo, en

En Tierra del Fuego, Ralph Newbery vivió su última aventura a los cincuenta y ocho años, como buscador de oro, pero enfermó y falleció en abril de 1906. Fue sepultado en La Candelaria, cementerio salesiano de Río Grande.

su quinta de Belgrano se instalaban carpas habitadas por cowboys que esperaban ser enviados a sus respectivos destinos rurales. Pero los vaqueros, una vez asimilados, no tardaban en independizarse y establecerse por cuenta propia. En Nahuel Huapi, Ralph Newbery en sociedad con John Crockett comenzó a exportar hacienda a Chile. El arreo estaba a cargo de Jarred August Jones, quien había trabajado en el Chaco y en la provincia de Buenos Aires desempeñándose como arriero, oficio que había aprendido en su tierra natal.

Jarred A. Jones —llamado también Juan Jones— llegó al país junto con su amigo John Crockett y en 1889 se instaló definitivamente en la orilla neuquina del Nahuel Huapi. Fundó la estancia Tequel Malal; instaló en sociedad con Diego Neil, otro norteamericano, un almacén de ramos generales donde nace el Limay y fue un adelantado en el uso del alambrado. De reconocida hospitalidad, fueron huéspedes suyos, entre otros, Ramón Lista y el perito Moreno, a quien proveyó gratuitamente de una tropilla de caballos destinada a la Comisión de Límites. Moreno, a su vez, intercedió con éxito ante el gobierno para que le vendieran al tejano unas diez mil hectáreas de campo. Jarred August Jones se casó con Bárbara Drakslor y formó una numerosa familia.

Los norteamericanos Jarred A. Jones y Ralph Newbery, que delegó en su hermano George el manejo de su campo en el Sur, fueron los primeros hacendados en Nahuel Huapi.

George Newbery se casó en 1891 con Fanny Bella Taylor, hija de un pastor norteamericano, y con ella viajó a la cordillera para instalarse. Su arribo a Nahuel Huapi culminaba un viaje de bodas que se inició con un cruce a lomo de mula de los Andes por el paso de Uspallata, y el regreso desde Chile, por el paso de Puyehue, transitado generalmente por los nativos; los guió un araucano y al final del sinuoso trayecto van a dar al noroeste del Nahuel Huapi, donde George no encuentra otra alternativa para cruzar el extenso lago que construir una piragua ahuecando un tronco de

George Newbery y su mujer Fanny Bella Taylor, protagonizaron riesgosas peripecias. Ella permaneció en el establecimiento y trabajó duramente en las tareas rurales. George, inquieto y lleno de proyectos, a veces fantasiosos, como su hermano, no eran hombres inclinados al manejo y organización de la estancia.

Vivienda de George Newbery en las proximidades del Nahuel Huapi.

coihue con hacha y fuego. Se embarca con su mujer y el indio y navegan hasta la orilla opuesta. Pero aún deben caminar varios kilómetros para llegar a su campo. Algunos lugareños le preguntaron qué habría pasado si el lago se encrespaba por efectos de una tormenta, frecuentes en esa época del año, o si se levantaban olas impetuosas... pero no obtuvieron respuesta.

En otra ocasión pierden el rumbo y George decide subir a una montaña para otear los alrededores y volver al camino. Mientras tanto, Fanny queda sola con los caballos durante dos días, sin perder la calma, esperando tan solo reanudar la marcha.

George Newbery exploró lagos y bosques, inició la siembra de salmones y truchas en varios ríos e impulsó la explotación maderera. Elevó un plan para regular las aguas del Limay que el gobierno incluyó en un proyecto encaminado a desarrollar la región, e insistió todo el tiempo ante las autoridades nacionales para extender el ferrocarril hasta Bariloche.

Buen amigo del perito Moreno, esbozaron juntos la creación de una reserva natural protegida como las de Yosemite o Yellowstone; proyectó un servicio de guardabosques, particular y voluntario, para combatir los riesgos de incendio y fue nombrado protector Ad Honorem de Bosques y Reservas.

En 1921, George tripuló el avión que efectuaría el primer aterrizaje en Bariloche, junto con el piloto J. Kingsley; fue un viaje accidentado y bajaron casi sin combustible en El Cóndor.

Con parientes y compatriotas amigos realizó operaciones de compra y venta de tierras pero no quedaron registros de que haya obtenido ganancias ni que haya hecho dinero, por cuanto terminó alquilando una pieza en Bariloche para instalar su consultorio de dentista. Es probable que en el pueblo nadie supiera que el dentista que los atendía había sido el primer profesor de Odontología de la Argentina. George murió en enero de 1935, a los 79 años y Fanny lo sobrevivió, muriendo a los 90 años.

Ralph, tuvo un serio contraste cuando fracasó un cuantioso arreo de hacienda dirigido a Chile aniquilado por una gigantesca tormenta. Para cubrir la inversión vendió sus campos y los rodeos, quedando prácticamente en la ruina, a una edad en que ya debía retirarse.

Por entonces, llegaban rumores desde Tierra del Fuego sobre la existencia de oro y Ralph, pensó que su obtención en grandes cantidades podría resarcirlo con mágica rapidez.

El extremo rigor del clima, las privaciones y las terribles condiciones de supervivencia, sumadas a la comprobación angustiante del esfuerzo inútil, terminaron con su vida a los 58 años de edad, en abril de 1906.

Adela Dolores Parker Newbery escribió acerca de Ralph, su abuelo: "Era distraído, soñador, desinteresado y generoso. Su mente estaba llena de proyectos a cual más fantástico. Carecía en absoluto de sentido práctico y amaba la aventura."

Ralph Newbery fue sepultado en "La Candelaria", cementerio salesiano de Río Grande.

Los bandoleros yanquis

Los valles cordilleranos comprendidos en los territorios de Santa Cruz y Chubut se convirtieron, de pronto, en guarida de criminales favorecidos por la escasa presencia de fuerzas policiales y siempre y cuando no fueran los propios agentes de la ley los que sustituyeran a los bandoleros.

Los más célebres fueron, sin duda, los "bandidos yanquis" y entre ellos, Butch Cassidy y Sundance Kid, quienes llegaron a la Patagonia en 1902. El guionista William Goldman, que escribió el guión del famoso film que narró las andanzas de aquellos bandidos, se entusiasmó con el tema porque según expresó *"pudieron repetir el pasado. Y probablemente, este hecho es lo que me pareció tan emocionante en la historia. Todos lo deseamos, ellos lo lograron (...) Por famosos que hubieren sido en los Estados Unidos, en América del Sur fueron una leyenda aún mayor: 'Bandidos yanquis'".*

Además de Cassidy y Sundance, acompañados por Etta, su amante, hubo otros bandidos norteamericanos menos

Cinco de la tarde en Cholila. Etta llena las tazas de Butch y Sundance. Los tres lucen a tono con la hora del té.

simpáticos y educados, más bien brutales y asesinos, incursionando en el territorio patagónico, entre otros Bob Evans y William Wilson.

Butch Cassidy y Sundance Kid habían formado parte, en el *far west,* de la Pandilla Salvaje (The Wild Bunch) cuyos temibles integrantes eran expertos asaltantes de bancos y trenes, que entraron en su ocaso alrededor de 1900, cuando la *Union Pacific* formó una guardia especial para capturarlos. En persecución de los pandilleros se encolumnaron los guardias del ferrocarril, agentes de la Agencia Pinkerton, Rangers (policías rurales), cazadores de recompensas y asesinos a sueldo.

Ante esta riesgosa situación y los útiles servicios que el telégrafo y el teléfono prestaban a sus perseguidores, Robert Leroy Parker (Butch Cassidy) y Harry Longabaugh (Sundance Kid) acompañado por Etta Place, decidieron emigrar a Sudamérica. Llevaban consigo parte del botín (treinta mil dólares) obtenido en el robo al tren Great Northern Express, en Montana, dinero con el cual adquirieron alrededor de cuatro mil hectáreas en Cholila, Chubut, a nombre de Santiago Ryan (Cassidy) y Harry Place (Sundance).

"Esta parte del mundo —escribió Cassidy a una amiga en Utah, la señora Davis—, *me pareció tan buena que me establecí, según creo, para siempre, ya que cada día me gusta más. Tengo 300 cabezas de vacunos, 1.500 ovinos, 28 caballos de silla, dos peones que trabajan para mí, una buena casa de cuatro habitaciones, galpones, establo, gallinero y algunas gallinas. Lo único que me falta es una cocinera, ya que todavía sigo en estado de amarga soltería y a veces me siento muy solo".*

En Cholila, Cassidy, Sundance y Etta entablaron cordiales relaciones con algunos vecinos y solían asistir a reuniones en las que Butch era un animador que ganaba a la gente con su simpatía. En el verano de 1904 el gobernador del Chubut, Julio Lezana, de visita en el pueblo, fue huésped de los norteamericanos y durante una fiesta que el vecino Sixto Gérez ofreció en agasajo del mandatario, este bailó con Etta.

El terceto cultivaba amistades con galeses de Trevelin, con pioneros norteamericanos afincados junto al Nahuel Huapi, ingleses de los alrededores, Esquel, y viajaban con frecuencia a Chile, visitando cada tanto

La foto que recorrió el mundo y aun pende enmarcada en una pared del banco de Winnemucca, donde la Pandilla Salvaje cometió su robo más publicitado. Sentados, de izq. a der.: Harry Longabaugh (Sundance Kid), Ben Kilpatrick, Robert Leroy Parker (Butch Cassidy). Parados, de izquierda a derecha: Bill Carver y Harvey Logan. Copias de esta fotografía la Agencia Pinkerton envió hasta la misma Patagonia.

algunos centros poblados de la costa atlántica. El establecimiento ganadero de su propiedad disponía de una importante cantidad de hacienda y efectuaban operaciones comerciales con chilenos y consignatarios de Buenos Aires.

Sin embargo, la vida de ganaderos (cattlemen) no parecía entusiasmarlos, más aún, Sundance y su mujer no estaban a gusto sobrellevando esa rústica y opaca existencia pueblerina. En el pasado habían vivido siempre en perpetuo riesgo, soportando tenaces persecuciones, hallando distracción y disipando tensiones en salones de juego donde dilapidaban grandes sumas, distraídos por alegres mujeres, rodeados de un excitante bullicio; y era ese estilo de vida, probablemente, el que les sacudía el tedio, una especie de vacío interior que la apacible vida de Cholila dejaba al descubierto.

En uno de sus esporádicos viajes a Punta Arenas el terceto regresa por Río Gallegos, por entonces residencia de prósperos ganaderos, bancos y hoteles en plena actividad, negocios bien surtidos con productos importados y activo movimiento portuario por la exportación del "oro blanco" (la lana).

Expertos como ellos en evaluar la importancia que evidencia el funcionamiento de un banco, no tardaron en advertir que el Banco de Londres y Tarapacá era una entidad receptora de atractivas sumas de dinero. Se alojan en el hotel Argentino, el mejor, y abren una cuenta en el Banco de Londres. Por la noche frecuentan el Club del Progreso y alternan con habitués ante los que exhiben un trato mundano y cordial, dejando trascender cierta opulencia, dadivosos con las propinas y permanentemente atentos a toda oportunidad que aumente sus caudales.

Ya se había corrido la voz que habían depositado siete mil pesos en el banco anticipando una remesa por una mayor cantidad para efectuar inversiones. A la vez consultan al gerente acerca de la tramitación pertinente para la recepción de importantes giros de dinero desde los Estados Unidos con lo que habían interesado a varios inversores.

Lógicamente, los rumores exageraron los recursos e influencias de los ya insospechados acaudalados forasteros.

Solamente una extravagancia no encajaba en los hábitos de estos norteamericanos ricos y que se manifestaba en la brusca entrada y salida del pueblo a todo galope, aunque algunos vecinos se divertían con la irrupción de estos "gringos raros".

El lunes 13 de febrero de 1905 retiran del banco los siete mil pesos de la cuenta conjunta explicando que por la noche concretarían una operación de compra en el Club del Progreso.

El Banco de Londres y Tarapacá, Río Gallegos, asaltado en 1905.

Sundance Kid y Etta Place fotografiados en
Nueva York antes de embarcarse rumbo a Buenos Aires.

Al día siguiente, con mucho viento y muy baja temperatura, los opulentos norteamericanos regresan al banco alrededor de las tres de la tarde. El subgerente, Mr. Arthur Bishop, y el cajero Alexander McKerrow, únicos presentes se incorporan y saludan con formalidad británica a los importantes clientes, a la vez que sus rostros empalidecen y las piernas le tiemblan. Se ven encañonados por senda Colt 45 y obligados a levantar los brazos. Sundance, quien aparentemente da las órdenes parado sobre el mostrador ordena a Mr. Bishop a abrir la caja fuerte.

El subgerente, según consta en el prontuario policial, cedió ante "la amenaza de muerte" y les entregó una cifra que alcanzaba los treinta mil pesos y fue introducida en una bolsa de lona; una caja de metal cuya llave no fue hallada los asaltantes se la llevaron sin abrirla.

Salieron tranquilamente, montaron en sus caballos y emprendieron el habitual galope como "gringos raros" que eran.

Etta, sigilosamente, casi inadvertida en el hotel, había partido con anterioridad para esperar a los fugitivos con los caballos listos para el primer recambio. Los bandoleros habían planeado el golpe en una incursión previa, partiendo desde Punta Arenas, tomando todos los recaudos, trazando el itinerario de la fuga, observando el estado de los caminos marginales, cruces, vados y reparos. Así establecieron los parajes donde apostarían excelentes caballos para el recambio. En plena fuga disparan a los aisladores para cortar los hilos telegráficos; cruzan el río Gallegos por un vado en Güer Aike y se detienen en la estancia Shuterland para retirar dos bultos con víveres y herraduras que los norteamericanos le habían dado en custodia al cocinero, (generosa propina mediante), y quien probablemente desconocía los motivos.

Río Gallegos se alborotó: corridas, exclamaciones de asombro, excitados corrillos y en medio de la conmoción se organizan dos partidas con policías y voluntarios para perseguir a los asaltantes.

Pasaban días, semanas, y no habían hallado ningún rastro. Se dio el alerta a la policía chilena y se despacharon patrullas desde San Julián, Santa Cruz y Puerto Deseado. Sólo hallaron la caja de metal con la cerradura violentada, y quien la encontró fue el carretero Francisco Cuello, el mismo que a pedido de los bandoleros había entregado los bultos con provisiones y herraduras al cocinero de la estancia Shuterland. En la caja, según trascendió, habían cuatrocientas ochenta y tres libras esterlinas.

En el informe policial se expresó que los bandidos "...preparaban el golpe audaz realizado, con algunos meses de anterioridad, siendo vistos en Lago Argentino y en Las Horquetas haciendo campamento y diciendo a los pobladores que venían buscando campo". En la instrucción del sumario se alude a *"una mujer como tercera involucrada, cuya participación fue secundaria y no protagónica"*.

El jefe de la Policía Federal Rosendo Fraga, envió a la policía de Río Gallegos la filiación y el prontuario de los prófugos. Estos cabalgaron hasta Cholila y poco después a Chile, para pasar a San Luis en diciembre de 1905, donde asaltan el Banco Nación de Villa Mercedes, luego de presentarse como "hacendados ingleses" y, a punta de revólver se llevan catorce mil pesos. El gerente se resiste y es herido, aunque no de importancia.

El normal desenvolvimiento de los norteamericanos como ganaderos llegó a su fin, luego de cuatro años y dos meses de permanencia en la Patagonia. Ya estaban enterados que la policía los buscaba y deciden vender su campo por veinte mil pesos a una compañía chilena. Regresan a Chile y luego ingresan en el capítulo boliviano.

El robo de Río Gallegos fue relatado por amenos articulistas como T. Caillet Bois, en 1948 (Argentina Austral), Justo Piernes, en 1970 (Clarín) y Manuel H. Costa, 1963 (Imagen), quien expresó: *"La desenvoltura mundana y el humor de Butch y Sundance, sin duda brillaron en el circunspecto Club del Progreso de Río Gallegos, a tal punto que los parcos habitués atendían el diálogo entretenido de estos* cattlemen, *sin pasarles por la cabeza*

alguna sombra de duda acerca de si eran quienes decían ser; por el contrario, les habrán parecido dos personalidades exitosas y además, con clase".

En dos ocasiones, admitidas por Butch Cassidy, experimentó el profundo anhelo de establecerse definitivamente como ganadero, encuadrado dentro de cierta formalidad social. La primera en Cholila, Patagonia; la otra en Santa Cruz, Bolivia. Sin embargo, esa no era la intención del inestable Sundance Kid y, fiel a una larga amistad Cassidy postergó indefinidamente su proyecto. A los 35 años manifestó que había encontrado "el lugar" en Cholila; y a los 41, en Santa Cruz, pero no pudo asentarse.

Quizá, por ello siempre tenía presente una de las leyendas escocesas que tanto lo sugestionaban, la de John Mac Donald of the Isles, fundador del clan Mac Donald, que compitió en una carrera náutica por la posesión de una isla. El primero de los competidores en llegar se la adjudicaba en propiedad.

La lucha fue muy dura y en aguas revueltas; John percibió que podría quedar relegado por sus rivales. Midió a simple vista la distancia y, sin titubear, se cortó el brazo izquierdo y lo arrojó con vehemencia a la isla siendo, de esa horrenda manera, el primero en llegar.

Este trágico suceso quedó grabado en la mente de Cassidy como el de alguien

Butch Cassidy, Sundance Kid y Etta Place recibían con frecuencia amigos en su cabaña de Cholila. En el extremo izquierdo la antigua cámara captó a Cassidy, y en el opuesto Sundance y Etta. Esta toma es de 1903.

que defiende hasta la mutilación, el empecinado afán de poseer su propia tierra.

Por el contrario, Cassidy, en comunión con Sundance, se empeñaba en la fuga perpetua, que fue el *leit motiv* que signó su vida.

Estado actual de la cabaña original del terceto norteamericano. Es una atracción turística pero su aspecto ruinoso hace temer que no tenga ese destino.

En los Andes. Nuevas alternativas

Solucionado el conflicto de límites con Chile se disipan tensiones y pueden encararse en áreas fronterizas proyectos más estables; además los pobladores perciben un clima de mayor confiabilidad. El 28 de mayo de 1902 ambos países suscriben los Pactos de Mayo por el cual renuncian a expansiones territoriales y se comprometen a someter a arbitrajes los puntos sobre los que podrían existir diferencias.

Los exploradores, científicos y trabajadores que intervinieron en las tareas de demarcación de límites y en el relevamiento de zonas desconocidas, jamás transitadas, afrontaron grandes sacrificios, hubo que lamentar muertes y desplazamientos bajo un clima de extrema inclemencia, soportando privaciones, peligros y bloqueos. El trazado de límites en las altas cumbres hizo decir a Clemente Onelli, eficiente colaborador del perito Moreno, que *"la frontera está allá arriba, en la cordillera nevada (...) donde los desfiladeros se angostan, los árboles corpulentos se vuelven enanos, las malezas y las espinas detienen la marcha, el sue-* lo destila agua como una esponja empapada; las mulas vuelven al bajo a descansar; ahora es el hombre el que carga en sus espaldas los 300 kilos del hito de hierro desarmado, los instrumentos y los víveres y, machete en mano abre camino hacia la cumbre". En época de lluvias, cuando la humedad y el frío penetran hasta los huesos, se espera la noche cuando gracias al fuego circula "otra vez la sangre"; pero en esos bosques resulta un penoso trabajo de horas, a veces de toda una noche, lograr encender un fuego bajo la lluvia o venciendo el agua que brota de la tierra y empapa la leña seca.

La preocupación del perito Moreno, Onelli y todos los miembros de la Comisión de Límites no se circunscribía solamente al trazado fronterizo, sino también a la radicación de pobladores y al establecimiento de colonias. Francisco P. Moreno insistía ante el ministro de Agricultura E. Ramos Mejía: *"no poca parte del progreso de la Argentina es ficticio (...) sólo se mueve en ella lo que está inmediato a los puertos, que pueden considerarse un pedazo de Europa, y que con ra-*

ras excepciones se abandona el interior, desequilibrando el país cada vez más como nación a medida que se pretende hacerlo más rico y dificultando su coherencia social y política".

De todas maneras Moreno se ingeniaba para asentar pobladores —en su mayoría se habían desempeñado en la Comisión de Límites— como los hermanos Lively en el lago San Martín. El dinamarqués Andreas Madsen se instaló en el río de Las Vueltas, al pie del cerro Fitz Roy. Eran todos conservacionistas y ecologistas natos, concebían esa región como un santuario de la naturaleza; Madsen añoraba a los huemules recorriendo las praderas sin temer al hombre, y lo zorros grises, plateados o colorados siguiendo al caballo como perros, se metían entre las patas o se sentaban alrededor del fuego, en el campamento, esperando algún hueso o pedazo de carne.

El naturalista Federico Reichert coincidía con Madsen, y se indignaba: *"es un acto de crueldad perseguir a esos animales, últimos representantes de una fauna que en ninguna parte se encuentra".*

El avance del latifundio, de "los condenados laníferos", que según Madsen: "Están llegando con las ovejas y estarán aquí de un momento a otro". Estaba convencido que el verdadero "pionner" no destruye a la naturaleza y que la devastación empieza con las grandes compañías y su "capital sin alma".

Reichert realizó el primer intento por avanzar dentro del hielo Patagónico, participando en una expedición que avanzó muy esforzadamente unos treinta kilómetros hasta un desfiladero, registrando la línea principal de la división de aguas (útil para la definición fronteriza), conocida después como Paso Reichert.

Inspección de miembros de la Comisión de Límites que tuvo a su cargo el trazado de la frontera definitiva con Chile.

Petróleo, boers y protestas

En 1902 Comodoro Rivadavia reunía tan solo treinta pobladores. El mayor problema que debían afrontar era la falta de agua potable y para solucionar esa carencia vital, en 1903 se importó una máquina perforadora fabricada en Viena. Después de prolongados y vanos intentos, el trépano penetró más de quinientos metros, pero en vez de agua encontró petróleo. El responsable de la perforación, José Fuchs, admitió que la gente se sintió decepcionada porque "...le dimos petróleo por agua".

La surgencia del petróleo en 1907 posibilitó una creciente evolución de Comodoro Rivadavia; entonces contaba con 800 habitantes. En 1913 disponía de un acueducto, muelle, y tanques de almacenamiento; en 1914, los pobladores eran más de 2000. En 1922 se creó la empresa estatal Yacimientos Petrolíferos Fiscales lo cual impulsó gradualmente la explotación sistemática de los hidrocarburos favoreciendo el incremento de los habitantes, el desarrollo comercial, minero y portuario además de una adecuada red de servicios sanitarios, educacionales y de transportes y viviendas.

Primitivo equipo de bombeo en Comodoro Rivadavia, 1920.

Los Boers

A causa de la derrota militar frente a los ingleses, en 1899, los boers (colonos holandeses) deciden emigrar de Sudáfrica. En 1902, un grupo numeroso de boers proveniente del *Transvaal* desembarca en la Patagonia y se establece en Colonia Escalante, que continuaría recibiendo contingentes de colonos sudafricanos hasta 1906.

Por supuesto, cuando otearon el paisaje desolado y evaluaron la baja calidad de la tierra se preguntaron si estaban haciendo una buena elección. Pero como eran granjeros de varias generaciones y sabían trabajar la tierra no tardaron en hacerla rendir. Rodearon sus parcelas con setos vivos y aprovecharon racionalmente el agua de unos manantiales cercanos para regar sus cultivos de hortalizas y verduras; más tarde incorporaron ovinos y vacunos. Eran tan eficientes como tenaces y tres años después producían buenos quesos que vendían, con aves y huevos, en Comodoro Rivadavia. Otros, se instalaron en la ciudad donde uno de ellos, M. M. Venter fundó un importante establecimiento comercial.

Pero esta inmigración no resultaría ya tan numerosa como la de los galeses; de seiscientos boers llegados a la Patagonia sólo se afincó la mitad. Entre 1910 y 1920 regresaron muchos colonos a Sudáfrica atraídos por los beneficios que otorgaban los ingleses, quienes tenían en cuenta que estaban en un continente negro lo que hacía más estimable la presencia de blancos, más aún si eran laboriosos. Devolvían a los boers las tierras y propiedades incautadas al término de la guerra,

Primer contingente de los inmigrantes boers, instalado en 1902 en la colonia Escalante, próxima a Comodoro Rivadavia.

compensándolos, además, con una indemnización.

Entretanto, la Colonia Escalante se amplió de 150.000 hectáreas iniciales a 300.000.

Los poblados patagónicos se convirtieron en islotes perdidos que punteaban una árida e infinita inmensidad, con excepción del Alto Valle de Río Negro y Neuquén.

Pero la principal riqueza, la lana, cuya forma de explotación determinó la densidad poblacional y la configuración espacial de la mayor parte del territorio patagónico, entró en crisis durante y después de la primera guerra mundial; las ventas de lanas acusan una pronunciada caída de los precios; la competencia de las lanas australianas y neocelandesas le arrebatan mercados a los terratenientes patagónicos. El acentuado descenso de la rentabilidad tiene directa consecuencia en el ya empobrecido nivel de vida de los peones de las estancias. Se generan movimientos de protesta, sobre todo en Santa Cruz, y en 1921 el ejército reprime sin miramientos

a los huelguistas fusilando centenares de peones, los que previamente deben cavar las fosas comunes en las que serían enterrados. Este nefasto suceso conmueve al país y es debatido con vehemencia en el Congreso donde los representantes del Partido Socialista además de denunciar y condenar los fusilamientos, señalan que la explotación latifundista impedía el poblamiento y la evolución del territorio patagónico.

En el gobierno de Hipólito Yrigoyen hay cierto desconcierto, pero de todas maneras justifican la represión alegando que se efectuó contra "el levantamiento armado provocado por los anarquistas". Las estadísticas de Santa Cruz establecían que más de veinte millones de hectáreas estaban distribuidas entre 619 estancias,

Estación de ferrocarril de Comodoro Rivadavia.

pero un solo dueño o una misma compañía podía tener o participar societariamente en varias y también apelar a testaferros ("palos blancos"). Los latifundios pertenecían a 189 argentinos, 110 españoles, 81 británicos, 53 chilenos, 42 franceses y 37 alemanes. Los hombres totalizaban 7.111 y 2.837 las mujeres.

La Biblia patagónica

"Con el correr de los años el libro *El Norte de la Patagonia* de Bailey Willis, sería designado como la Biblia patagónica", expresó un director de Parques Nacionales y una de las más estimadas personalidades del Sur, Diego Neill.

En 1910 se realiza en Buenos Aires el Congreso Científico Internacional al que asiste Bailey Willis, doctor en Geología e Ingeniería Civil e ingeniero en Minas, de la Universidad de Columbia, Nueva York, reputado profesional en Estados Unidos, Europa y Asia. El ministro Ramos Mejía le pidió una entrevista y le propuso explorar la Patagonia en busca de agua potable.

El norteamericano se mostró dubitativo pero finalmente aceptó, en gran parte porque estaba interesado en conocer el vasto territorio patagónico sobre el que leyó y escuchó relatos que despertaron su curiosidad.

En marzo de 1911 empiezan los trabajos y según se lee en el libro *Historia de la Comisión,* la Patagonia "era una región fronteriza sin protección, fuera de los confines de las pocas, dispersas y pequeñas poblaciones".

Secundaba a Willis el ingeniero Emilio Frey, "hombre de confianza y brazo derecho del doctor Moreno", expresó el norteamericano. Frey se graduó en Suiza como ingeniero topógrafo, el primero en la Argentina.

En su larga actuación profesional Bailey Willis había participado en importantes emprendimientos en el Oeste de Estados Unidos, asistiendo a la fundación de pueblos y ciudades, realizando estudios geológicos que contribuyeron a la instalación de ferrocarriles, industrias, colonias numerosas, abastecimiento de agua potable, trazado de rutas, ampliación de las comunicaciones, etcétera. Formado en un país expeditivo, impaciente por llevar a la realidad los proyectos, con pioneros, profesionales y trabajadores dispuestos a empezar cuanto antes sus tareas.

En el cotejo entre ambos países, exclamaba: "¡Este es una país (Argentina), en el que está todo por hacerse!"

En su primera tarea Willis informa al ministro Ramos Mejía que estaba asegurado el suministro de agua potable para abastecer a San Antonio, las áreas rurales y la hacienda que pastase dentro de los veinticuatro kilómetros de ancho a cada costado de las vías ferroviarias, en una longitud de cien kilómetros.

Pero en Buenos Aires la Dirección de Irrigación y los legisladores frenaron el proyecto. El geólogo Bailey Willis que ya había observado varios ejemplos de las trabas burocráticas y la oposición de sectores del gobierno, refirió: "Los ataques en el Congreso al señor ministro Ramos Mejía y a su política de desarrollo nacional continuaron con violencia y acritud creciente".

El proyecto integral contemplaba el tendido de vías férreas desde San Antonio hasta el Pacífico, pasando por Nahuel Huapi y Valdivia, en Chile; establecer tres millones de habitantes en lo que se denominaría la Ciudad Industrial de

"Con el correr del años el libro El norte de la Patagonia de Bailey Willis sería designado como la Biblia patagónica" expresó Diego Neill que fuera director de Parques Nacionales y un ferviente admirador del geólogo norteamericano.

Nahuel Huapi, que abarcaba Junín de los Andes hasta el sur del Nahuel Huapi, por sus recursos naturales, clima y condiciones del suelo; explotar en gran escala la ganadería y la agricultura; instalar una industria maderera ampliando los bosques para su explotación; generación hidroeléctrica e implantación de fábricas para la transformación de sus materias primas: "...la fuerza hidroeléctrica del Limay —preveía Willis— será utilizada para la producción de tejidos de lana y de punto con los finos vellones de los merinos de Río Negro y el Neuquén... artículos de cuero con los materiales de los frigoríficos; muebles y otros productos de madera, inclusive las sustancias químicas de las selvas de haya que se adapten mejor a la fabricación en el sitio mismo; y de los nitratos atmósfericos para abono".

El geólogo norteamericano no podía entender que con la enorme producción de lana no se lavara y procesara el producto en la Patagonia dando lugar a importantes establecimientos textiles. Y se explicó *Se oponían fuertes intereses: los latifundistas patagónicos, los exportadores de lanas, los importadores de tejidos y los miembros y funcionarios del gobierno comprometidos con esos intereses y con los de Gran Bretaña, el país importador que proveía de lana en bruto a sus fábricas evitando su industrialización en la Argentina".

La proyectada ciudad industrial provocó la reacción de los directores de los ferrocarriles británicos que se oponían a la instalación de ferrocarriles estatales de fomento. El propio Willis escuchó de un director británico del Ferrocarril del Sud: "No nos conviene que los ferrocarriles nacionales se construyan para competir en la Patagonia".

Emilio Frey y Bailey Willis enviaron al Laboratorio de Productos Forestales de Estados Unidos muestras de madera de coligüe con la seguridad de que podría producir pulpa para fabricar papel y el Laboratorio confirmó esa probabilidad.

Pero el ministro Ramos Mejía fue obligado a renunciar y el colosal proyecto de transformación patagónica naufragó. Willis no dudaba de que esa región podía tener un destino próspero, similar al del Oeste de su país. El perito Moreno cotejaba el abandono del territorio patagónico con la acción colonizadora en la que Willis fue copartícipe: "Estados Unidos va en camino de ser la primera nación del mundo por el conocimiento que sus hijos tienen del suelo nativo y de los recursos que le proporciona el trabajo".

La Cámara de Diputados interpeló en setiembre de 1912, al ministro Ezequiel Ramos Mejía; en esa sesión fue acusado de "dilapidar los dineros públicos" por su apoyo y asistencia a la tarea que desarrollaban Bailey Willis y Emilio Frey, con la decidida aprobación de Moreno.

Al rescate de la Patagonia

La principal actividad patagónica por más de una centuria, la explotación ovina, es hoy ínfima en relación con la magnitud que alcanzó en su apogeo. Establecimientos inconcebiblemente extensos desaparecieron o agonizan por la desertificación, por el sobrepastoreo de un animal exótico en esas mesetas, la oveja, cuya excesiva cantidad concluyó con la frágil condición del suelo.

El ingreso y reproducción masiva de lanares después de la conquista del desierto, excedieron la receptividad del piso; el devastador consumo de arbustos para usar como combustible, los furiosos vientos y las escasas lluvias provocaron una drástica erosión que llevó a la pérdida de la cobertura vegetal.

En la década 1950-60 el país contaba con más de 51 millones de ovinos; en el año 2000, apenas llegaba a 13 millones. La producción de lanas en 1945 totalizó 226.000 kilos y en el 2000, escasos 58.000. En 1970 una oveja requería dos hectáreas para alimentarse; en el 2000, necesitaba siete. En 1976 el suelo soportaba 0,48 ovino por hectárea, hasta que por la desertificación de gran parte

La esquila es efectuada por operarios especializados que suelen promediar entre noventa y cien ovinos diarios. De un carnero pueden obtenerse seis kilos de lana o más; de una oveja o capón unos tres o cuatro kilos por animal.

de la meseta patagónica, la receptividad del suelo fue casi nula.

Agrónomos y técnicos del Instituto Nacional de Tecnología Agropecuaria (INTA) y ecólogos de la agencia alemana GTZ, entre otros investigadores, diagnostican y proponen soluciones para reducir y evitar la desertificación, pero la limitación de los recursos coarta la operatividad de los planes.

No son los necesarios todavía, pero cada vez se suman más productores agropecuarios empeñados en tecnificar y diversificar la producción y recuperar la fertilidad del suelo. Son los pioneros de esta etapa patagónica, cultores del riego, la forestación, el aprovechamiento de mallines (praderas húmedas y cenagosas) y la aplicación de variadas técnicas contra la desertificación.

Los recursos económicos de la Patagonia surgen de la explotación de los hidrocarburos, de la industria frutícola, la explotación de la madera y de la industria pesquera y minera. Tienen desigual incidencia para influir en el poblamiento y en la ocupación de mano de obra; en el caso de los hidrocarburos y otras actividades industriales la aplicación de modernas tecnologías reduce la demanda de personal. El empleo público, que en algunas ciudades se sobredimensionó para dar ocupación, se tornó insostenible por el déficit presupuestario. El aparato productivo de cada área urbana es insuficiente para sostener y acrecentar el trabajo.

Las actividades productivas estuvieron basadas principalmente en tres estamentos: la ganadería ovina; la explotación de hidrocarburos y la frutícola, hoy insuficientes para incrementar la cantidad de habitantes, por el contrario; se asistió a una despoblación progresiva del área rural y en cuanto a las otras actividades la creciente tecnificación limita cada vez la absorción de mano de obra.

Los hidrocarburos no son recursos renovables y por lo tanto están destinados a agotarse. Se estudian y se implantan fuentes alternativas de producción de energía como la eólica, la energía solar, la geotérmica (aguas próximas a volcanes) y la mareomotriz, proveniente de las mareas.

¿Y entonces? Si las grisáceas mesetas donde apacentaron millones de ovinos, hoy presas de la desertificación, o el petróleo y el gas, o la producción frutícola sometida a los altibajos del mercado internacional, no dan suficiente respuesta a los nuevos imperativos del desarrollo social y económico; la Patagonia pone el acento, más que nunca, en el turismo.

La actividad turística puede generar una importante afluencia de divisas. En algunos países contribuye a nivelar la balanza de pagos y en otros marcha a la cabeza de los ingresos. Cuando más se desarrolla más mano de obra ocupa. La Patagonia tiene una amplia gama de actividades turísticas invernales y estivales y goza de una sólida reputación internacional por sus paisajes exclusivos y deslumbrantes con parques declarados por la Unesco, Patrimonios de la Humanidad.

Fantasiosos, idealistas y pioneros actuales

Hay episodios en el transcurso de la historia patagónica que guardan alguna semejanza, sutilmente vinculados por un propósito afín. El mito impulsó a los conquistadores ansiosos por hallar la Ciudad de los Césares, en cuya vana búsqueda para hallar tesoros y metales

Buzones precarios en la desolación patagónica. Alguien que espera ansioso su correspondencia.

preciosos se sacrificaron vidas, soportaron interminables jornadas agobiados por el hambre, la sed, las inclemencias de un clima implacable y, por último, la decepción o la muerte.

Cuando se produjo la explosión del oro en las adyacencias del estrecho, los enfebrecidos buscadores del preciado metal no obtuvieron mejores resultados. Y en los distintos emprendimientos colonizadores la suerte no siempre acompañó el enorme esfuerzo desplegado por los colonos que luchaban en las peores condiciones de subsistencia para brindarse un mejor destino, pero respondiendo a proyectos mal encarados, dirigidos por funcionarios ineptos, o en el lugar equivocado.

Ya en nuestra época, gobernantes y funcionarios omniscientes, militares y civiles, cayeron en la cuenta que podría poblarse, industrializar y dinamizar la Patagonia como por arte de magia, convirtiendo algunas regiones en paraísos fiscales, libres de impuestos y aplicando mínimos gravámenes, o ninguno, a los insumos importados. Pero estos emprendimientos improvisados "desde arriba", no echaron raíces y se dilapidaron capitales que, planificados criteriosamente, sin oportunismo e intransparencias, hubieran dado otros resultados.

Tierra del Fuego, el paradigma más elocuente. En 1973 la habitaban 15.000 personas y el máximo que podía soportar era algo más de 40.000; en 1984 alcanzaba los 43.000 habitantes y luego los 110.000. Ushuaia, 50.000; Río Grande 60.000 y Tolhuin, 2.500. Las "fábricas" favorecidas por el régimen de promoción industrial promulgado por ley en 1972, nunca fueron tales sino meras plantas de montaje. Diez mil ope-

Una vista de la Ruta 40.

rarios metalúrgicos trabajaban en más de cien fábricas de televisores que colocaban su producción en todo el país a mil pesos por unidad, pero cuando ingresaron los aparatos procedentes de Taiwan y Corea, a un tercio de aquel valor, las plantas de Tierra del Fuego se redujeron a menos del cuarenta por ciento y un sesenta por ciento de trabajadores quedó desocupado.

Actualmente la esperanza es el turismo, aunque es improbable que una sola actividad resuelva por sí misma los problemas de la superpoblación.

Pero en la Patagonia hay otras realidades; otra gente con otras necesidades y proyectos. En la áspera y pertinaz lucha por lograr recuperar la fertilidad del suelo, optimizar los recursos naturales e impulsar la producción para arraigar pobladores, evitar la emigración a los centros poblados y crear fuentes de trabajo perdurables, ya hay emprendimientos individuales y empresarios encaminados a impulsar la forestación, aprovechar los oasis dado que los mallines, permitieron a productores ingeniosos canalizarlos y multiplicarlos, ampliando el área de cultivos de pasturas; se difunde el pastoreo intensivo bajo riego con equipos y se racionaliza la carga animal para evitar la desertificación. La forestación está recibiendo un fuerte impulso, un productor de San Martín de los Andes, expresó:"Venciendo la erosión, producimos fuentes de trabajo para la región, maderas para el país y oxígeno para el mundo".

En la Comarca Andina (El Bolsón, Epuyén, El Hoyo y lago Puelo) un granjero que fabrica quesos, dulces, jugos naturales, licores, con vivero de frutas finas y flores nativa, tambo, etcétera, señaló: "El mejor argumento turístico es el desarrollo de cultivos orgánicos en zonas vírgenes como característica distintiva del lugar". En distintos lugares del suelo patagónico surgen pioneros con el propósito de "potenciar la naturaleza", "mantener el equilibrio ecológico y humanizar la empresa".

Diversos ríos patagónicos incitan a la práctica del rafting —en general con balsas neumáticas— sobre todos, los que tienen tramos con rápidos vertiginosos. El equipo de este deporte no convencional se compone de traje de neoprene, casco y salvavidas, y no son infrecuentes en las raudas bajadas las zambullidas en los pozones. Guías avezados, previa instrucción, acompañan a los principiantes en esta vibrante aventura.
(Abajo) En los comienzos de 1960 afluían los primeros contingentes de mochileros, pero entonces bastaba la contemplación del paisaje o un improvisado y apacible cruce en balsa para experimentar hondas sensaciones sin necesidad de una participación muy activa, más allá de la caminata por el bosque.

ROBERTO HOSNE

Un técnico agropecuario, alertó: "Un emprendedor es casi como un quijote, por la falta de medios y la lucha contra la incertidumbre... no puede lanzarse solo, necesita una alianza estratégica con otros."

En el Bolsón hay una calificada producción granjera, apreciada en el país y en el extranjero. También trascendió, curiosamente, por ser un refugio hippie: en 1969, un conjunto teatral que representaba la opera-rock *Hair* imaginó a El Bolsón como un santuario ideal para vivir en íntimo contacto con la naturaleza.

La noticia se desparramó y no tardaron en llegar hippies de todas partes. Y hasta por motivacions místicas, como en el caso de la Orden Laboriosa, seguidores del italiano Lanza del Vasto, un discípulo directo de Mahatma Gandhi que visitó El Bolsón en 1977 para hacer un campamento ecuménico y concluyeron en que "Occidente era un gran engaño"; basaban su existencia en el "no consumismo y en el bástate a ti mismo", lejos de las metrópolis porque éstas conducían a la alienación.

Pero la comunidad hippie no llegó a constituirse como tal por no poder, la mayor parte de los integrantes, adaptarse a la vida en comunidad. Cada uno optó por vivir como quería, aunque, según proclamaban, fieles a la naturaleza y en oposición al establishment.

Al comenzar la década del '70 hubo quienes se dedicaron al cultivo de sus chacras y como la producción de las granjas excedía las necesidades del consumo propio, por lo que optaron por vender el resto en una feria, a la que paulatinamente se fue agregando una variada oferta de artesanías convirtiéndose en una atracción turística. Hay también pastores evangelistas dedicados a rescatar a los alcohólicos; seguidores de Sai Baba; mormones y miembros de la Misión Virgen María Reina de las Flores, dirigidas por un místico erigido en "monseñor", al frente de una congregación de mujeres llamadas por la gente, "monjitas"; el templo es visitado por turistas.

También se inculpó a los hippies de consumir estimulantes y cultivar marihuana, pero más que basarse en la verdad —se defendieron—, esa denuncia fue formulada por "el Ku Klux Klan" discriminatorio de la gente del pueblo que no los toleraba y por las autoridades siempre proclives a sospechar de los "contestatarios", con particular celo en tanto se afirmaba la dictadura de los militares.

Pero el interés que suscitó la instalación de la feria, según, los hippies "es la principal atracción que congrega a los turistas y por la cual se promovió la construcción de restaurantes, confiterías, hoteles y varios servicios". La feria se inauguró 1979 con doce puestos y a principios de 2001 redondeaba los doscientos.

Pero de lo que no cabe ninguna duda es de que son consecuentes ecologistas. Hubo algunos que se instalaron en otros sitios, otros transitaron brevemente ese ámbito inconformista y volvieron a "readaptarse" a la vida de ciudad. Pero en última instancia se afirmó el culto por la naturaleza, "el eterno retorno" a sus fuentes.

La Comarca Andina, integrada por ocho pueblos: El Bolsón, El Hoyo, Lago Puelo, Epuyén, Cholila, El Maitén, Ñorquinco y Cushamen, dentro de una extensión de 120 kilómetros de Norte a Sur y 70 de Este a Oeste, fue el ámbito donde algunos hippies se instalaron no sólo para vivir en comunión con la naturaleza, sino también para contribuir a conservarla desarrollando una importante labor ecologista en defensa de los bosques, bregan por el aumento de las áreas protegidas y comunicarlas mediante "corredores biológicos" abarcando desde el Parque Lanín, en Neuquén, hasta el Parque Los Alerces. Celebran anualmente en verano dos fiestas que son todo un símbolo de la devoción por la naturaleza: la Fiesta del Bosque y la de las Frutas Finas. Los bosques de la Comarca lucen cipreses, lengas, ñires, araucarias y raulíes y en cuanto a los proyectos de reemplazar bosques nativos por monocultivos de pinos de crecimiento acelerado, los ecologistas de la zona expresan su total oposición.

"Sentir la respiración de la naturaleza"

Antes de la irrupción turística internacional que invade los diferentes paisajes patagónicos, como ocurre desde hace unos años, disfrutando de instalaciones modernas, transportes rápidos y confortables y servicios y comunicaciones eficientes, hubo incursores, en el pasado, cuyas actividades se consideraban típicas del esparcimiento vacacional, pero en

Travesía al pie de imponentes cerros,
en la que uno de los andinistas
arrastra una "pulka", trineo
para transportar víveres e
implementos imprescindibles.

que en ocasiones alcanzaban los ciento ochenta kilómetros por hora y temperaturas excesivamente frías, intolerables. Eran poseedores de una absoluta libertad pero sumidos en un total aislamiento y soledad.

De pronto, ese ostracismo es perturbado por merodeadores que se paran ante las montañas, las observan, como evaluándolas, y luego acuden a los pioneros en demanda de alojamiento, comida, baquianos, caballos y... mucha información. Y ante la perplejidad de los colonos manifiestan su intención de llegar hasta la cumbre, lo cual fue considerado un acto de soberbia por cuanto se obstinaban en desafiar a los cerros andinos más emblemáticos como el Fitz Roy o el Torre. Para los colonos hollar esas cimas era como violar un santuario; así se inicia, recelosa, la vinculación entre los colonos que veneraban las cumbres andinas y los transgresores montañistas.

Ambos cerros son los máximos exponentes del Hielo Continental, curiosa superficie polar ubicada en plena cordillera de la provincia de Santa Cruz, que se extiende desde el cerro San Valentín, al norte, hasta el sur del lago Argentino,

realidad estaban reservadas a un minoritario grupo de temerarios.

La cordillera patagónica con su magnificencia escenográfica y sus magnéticos glaciares atrajo a viajeros y montañistas de todo el mundo predispuestos a disfrutar de una libertad absoluta y, según lo expresó el avezado alpinista Giuliano Maresi, a *sentir la respiración de la naturaleza.*

Los escasos colonos establecidos al pie de la cordillera patagónica y en las orillas de los lagos vivían con la sensación de que el tiempo no transcurría, y si había alteraciones eran las que prorrumpían del clima riguroso con sus tormentas de nieve, vientos extendiéndose sobre unos 430 km de largo y un ancho que oscila entre los 80 km al norte y 30 km al sur, separados en dos sectores.

Los colonos eran en su mayoría inmigrantes europeos, y el más solicitado por los alpinistas era el dinamarqués Andreas Madsen, que había trabajado en la Comisión de Límites bajo la dirección de Lodovico von Platten y al término de su contratación decidió instalarse en el valle del Río de las Vueltas, frente al Fitz Roy, donde lo percibió como una imagen del Paraíso.

Madsen fue el más importante apoyo que tuvieron los escaladores. Dijo el francés Saint Loup: "Nada se escribe sobre el Fitz Roy sin antes situar a Andreas Madsen a sus pies, en su formidable soledad".

En 1952 el notable alpinista francés Lionel Terray desafía y vence al Fitz Roy,

secundado por el joven escalador Guido Magnone. En 1974, un equipo de andinistas de Lecco, Italia, dirigidos por Casimiro Ferrari, alcanza la cumbre del Torre. Ferrari también realizó la primera travesía de oeste a este del Hielo Continental, desde el fiordo Falcón hasta la estancia La Cristina.

En 1960, el británico Eric Shipton, vicepresidente de la National Geographic Society, dirige una importante expedición y lleva a cabo el primer cruce N-S del Hielo, partiendo de Calen, fiordo chileno, hasta la estancia La Cristina.

El primer aterrizaje sobre el Hielo lo efectúa en 1962, un DC3 de la Fuerza Aérea Argentina.

Ahora pueden transitar vehículos especiales (en invierno, cuando la nieve nivela la grieta), aterrizar y levantar vuelo aviones y helicópteros. Se dispo-

Un grupo de andinistas se dispone a incursionar en el Hielo Continental, cada vez más frecuentado por visitantes del extranjero, sorprendidos por ese espacio polar enquistado dentro de los Andes patagónicos; parten de poblados como El Chalten, que brinda toda clase de apoyos.

ne de una precisa cartografía y el seguimiento satelital provee todo tipo de informaciones.

El Hielo Continental Patagónico, el fragmento polar de la cordillera, sigue atrayendo —y se augura que esto será siempre así— a deportistas y amantes del turismo aventura "mayor", y se lo compara por el esfuerzo y el riesgo, con los audaces canoeros o kayakeros que desafían los rápidos de los briosos ríos patagónicos y los escaladores que se atreven con las paredes verticales de roca lisa de los más altos cerros andinos.

Es probable, según anticipa un experto guía, que la Patagonia proporcione nuevas propuestas a los viajeros que se acercan a ella con una buena carga de asombro y fascinación, y revele otros esparcimientos (reconstrucción de travesías históricas, expediciones a lugares intransitados y prácticas deportivas en sitios cuasi salvajes, entre otras iniciativas).

Perspectivas

La apuesta mayor de las provincias patagónicas está depositada en el turismo, lo cual es razonable teniendo en cuenta la sideral cantidad de dinero que esa actividad mueve en el mundo. Pero además hay otras razones, principalmente la necesidad de dar ocupación a la mayor cantidad posible de gente, y la actividad turística favorece esa demanda por la atención personalizada que requiere y la indeludible inversión en hoteles, restaurantes, confiterías, gastronomía, transportes, rutas, accesos, parquización, comunicaciones, construcción y mantenimiento, servicios de toda índole para satisfacer las necesidades del viajero, comercios, esparcimiento, espectáculos, expresiones culturales, agencias especializadas, profesionales, artesanías regionales, tejidos, etcétera. Su dinamismo es (o debe ser) constante porque la necesidad de renovación de sus cualida-

El Ecocentro, vistoso edificio con reminiscencias de la arquitectura galesa, enclavado en Puerto Madryn, es un espacio dedicado a la interpretación de los ecosistemas marinos. El objetivo de la institución es "promover y difundir entre todas las personas el conocimiento y la protección del mar a través de programas de educación ambiental, investigación científica y expresiones artísticas". Ecocentro dispone de programas educativos para docentes y estudiantes de todo el país.

des y prestaciones no admite pausas. Incluso, favorece la recuperación de vías férreas (trochita Jacobacci-Esquel) o los anticipios de que se pondrán en funcionamiento Río Turbio-Río Gallegos y el tendido del largamente postergado ferrocarril trasandino.

La explotación forestal y la implantación de especies que favorezcan la industria de la madera u oficien como "cortinas de viento"; las plantaciones de pinos y cipreses para forestar las zonas áridas dará sus frutos; lo mismo acontecerá con la pesca en el extenso litoral atlántico patagónico, en un mar epicontinental de incalculable riqueza ictícola que movilizará sus puertos y constituirá un voluminoso ingreso en concepto de exportaciones, cuando concluya su actualización tecnológica; la industria petrolífera y gasífera, con altos índices de extracción; la energía hidroeléctrica que moviliza importantes inversiones; las promisorias estimaciones del potencial eólico y la creciente explotación de yacimientos mineros, son ingresos decisivos para la economía de la Patagonia pero, por la incorporación de modernas tec-

El Museo Paleontológico Egidio Feruglio, en Trelew, cumple la doble función de museo y centro de actividades científicas. Mediante un recorrido a través de la historia natural, desde el comienzo de la vida en el planeta hasta los primeros humanos, se destaca la impresionante presencia de los dinosaurios, una experiencia inolvidable que sorprende al visitante, que es acompañado por guías especializados.
Se exhibe también un documental educativo.

nologías productivas no demandan un número importante de mano de obra; por el contrario, la reconversión operada en esos rubros terminó con la actividad de varios pueblos, provocó su extinción o vaciamiento.

En cuanto al turismo, si bien la actividad privada es consciente de los recursos que le son propios y de su responsabilidad para acrecentarlos y actualizarlos persiguiendo la excelencia en su desempeño, como contrapartida, la responsabilidad de los gobiernos provinciales en ese rubro ofrece conos de sombra. Queda evidenciada en la falta de controles y de una legislación

Alerces de más de 2.600 años, con 57 metros de altura, por ejemplo, el que llaman "El Abuelo", acerca del cual, se informa al visitar el Alerzal, luego de recorrer el lago Menéndez y disfrutar el lago Cisne, que "...tenía seiscientos años cuando nació Jesucristo" y, "Cuando Colón puso su pie en América, este Alerce convivía con los nativos desde más de dos mil años".

que proteja la actividad que dicen favorecer. Por ejemplo, la especulación inmobiliaria, tolerada desde altas esferas oficiales, cuando no compartida, está quitando espacios, libertad de movimiento a los turistas para desplazarse, acampar, pescar, practicar deportes, porque los bellos lugares donde antes podían hacerlo ahora son propiedad privada de algún magnate internacional, o alguna luminaria de Hollywood o de compañías que adquieren grandes cantidades de tierra en paisajes paradisíacos con el mero fin especulativo. Se han vendido verdaderos santuarios dentro de parques nacionales y no faltan empresarios y altos funcionarios argentinos entre los especuladores. El interrogante será, si se incrementa la afluencia turística, dónde se podrá disfrutar de un paisaje bonito que no esté vedado en algún lago o ruta, en un barrio o un acceso. Pero es necesario confiar en las entidades que promueven la actividad turística, en la gente que cada vez más vive de esta industria sin chimeneas, en la prensa atenta y responsable, en los activos grupos ecologistas, cada vez más numerosos y alertas, promotores del turismo verde o ecoturismo. Y de los que quieren que el turismo pueble y dé trabajo a gente ansiosa por darse un lugar en el mundo.

Hay un axioma que se aplica al turismo moderno practicado por los habitantes de la ciudad, afectados por el estrés o por la ansiedad y la inestabilidad: "El turismo es cada vez más una actividad física y cultural que da respuesta a la búsqueda de lugares prístinos donde los límites los impone la naturaleza".

La Patagonia, región áspera, a veces implacable, también moldeó protagonistas temerarios y emprendedores que son los que, en última instancia, bregan por su progreso.

En las distintas provincias patagónicas hay consenso de que el turismo es un factor decisivo para el desarrollo porque es la alternativa de menor costo. Lo favorecen los atributos naturales, la seducción de la "marca" Patagonia; la diversidad geográfica; las temporadas invernal y estival con sus prácticas deportivas y esparcimientos mútiples, apoyadas por servicios e instructores y guías idóneos.

Pero también se señala que son inconvenientes serios los problemas de economías de escala; escasas posibilidades laborales y la falta de coordinación entre el sector público y privado en cuanto al servicio y costo del transporte multimodal (aéreo-terrestre), entre otros factores como la inadecuada e incoordinada política preventiva contra los incendios forestales.

En otro orden, se consideran amenazas la depredación del suelo, la instalación de basureros nucleares, la insuficiencia de una legislación protectora ecológica de toda la Patagonia, la sobrepesca y la falta de controles sobre la plataforma submarina del territorio oceánico nacional.

Y entendemos que también debe controlarse la actividad inmobiliaria preservando la soberanía pública del paisaje y de su disfrute contemplativo y deportivo para todos.

Por supuesto hay mucho trabajo complementario por hacer: pavimentación de rutas y accesos; creación de fuentes de trabajo permanentes y de condiciones encaminadas a retener a los habitantes reduciendo la alta migración-emigración, etcétera.

Los desafíos son muchos pero en el territorio patagónico, donde sus habitantes jamás han logrado nada sin esfuerzo y hasta sin osadía, puede suponerse por lo que han construido que tarde o temprano lograrán sus objetivos.

En Península Valdez, entre julio y noviembre, se congregan turistas del país y del extranjero para avistar la ballena franca austral, especie protegida, declarada Monumento Natural por el Congreso de la Nación Argentina. Se alimenta a miles de kilómetros de distancia, pero hacia el invierno y la primavera regresa a las aguas del Atlántico patagónico para aparearse o dar a luz y criar sus cachorros. La ballena suele medir 13 metros de largo y pesar 30 toneladas; tienen su primera cría a los 6 ó 7 años y luego cada 3 años promedio. Las crías, al nacer, miden unos 5 metros y crecen 3,5 centímetros por día durante los primeros meses.

La aventura a la medida de uno mismo

Suelen visitar la Patagonia autores de guías de viajeros o cronistas de viajes, procedentes de Europa y Estados Unidos, quienes, luego de recorrerla, evalúan con cierto asombro las múltiples posibilidades que ofrece la región a los cultores del turismo aventura y, en general, a turistas de diferentes predilecciones.

Andrew Benson, investigador de la Rough Guide de la América del Sur que se edita en Gran Bretaña, halló al turismo aventura bien planteado y organizado: "Hay bastantes ofertas, nuevos deportes y mucha competencia".

"Existe la sensación, cuando alguien está practicando el deporte o la actividad de su preferencia, en medio de cualquiera de los escenarios tan imponentes, deslumbrantes o sobrecogedores de la Patagonia, que no está de vacaciones sino viviendo su propia aventura. El capítulo de la vida de cada uno donde dialogamos íntimamente con la naturaleza y hasta la desafiamos, intentando sobrepasar los límites que nos impone", expresó el cronista P. Sargent.

Con el colosal trasfondo cordillerano, el Hielo Continental, cerros como el Torre y el Fitz Roy, metas de célebres escaladores de todas las épocas, glaciares, lagos espectaculares, ríos y arroyos de vehementes y sinuosos cursos enmarcados por una naturaleza exuberante, desiertos con sorprendentes monumentos naturales, bosques con ejemplares milenarios, costas y mares poblados por una fauna singular y única, entre otros patrimonios de excelencia natural, permiten la práctica de múltiples actividades tanto en invierno como en verano, en otoño como en primavera. Atributos que se conjugan para distinguir a la Patagonia como el *Territorio de la Aventura*, de acuerdo con la acepción moderna.

La Trochita, el Viejo Expreso Patagónico, símbolo de un transporte tan ligado al afecto de los habitantes de Río Negro y Neuquén, une las localidades de Ingeniero Jacobacci y Esquel sobre carriles de 75 centímetros de ancho, recorriendo 402 kilómetros en 14 horas, atravesando tramos montañosos, puentes sobre rápidos, describiendo 626 curvas. Si bien los pobladores lo utilizan como medio de transporte, los turistas lo incluyen entre las atracciones privilegiadas.

Los adeptos al trekking emprenden largas y esforzadas travesías. Según uno de ellos "... es la única manera de masticar lentamente la meseta para sentirla en toda su árida desolación".

BIBLIOGRAFÍA

ALMADA, H. M., *Acontecimientos y protagonistas patagónicos,* Continente, Buenos Aires, 1965.

BARROS, ALVARO, *Indios, fronteras y seguridad interior,* Hachette, Buenos Aires, 1960.

BIEDMA, JOSÉ JUAN, *Crónica histórica del Nahuel Huapi,* Emecé, 1967.

BORRERO, JOSÉ MARÍA, *La Patagonia trágica,* Americana, Buenos Aires, 1967.

CAILLET BOIS, T,. *Viajes de exploración en la Patagonia,* Argentina Austral, 1978.

DARWIN, CHARLES R., *Viaje de un naturalista por la Patagonia,* El Ateneo, 1942.

D'ORBIGNY, ALCIDES, *Viaje a la América meridional,* Futuro, Buenos Aires, 1945.

FALKNER, THOMAS, *Descripción de la Patagonia y de las partes contiguas,* Hachette, Buenos Aires, 1974.

FERNS, H. S., *Gran Bretaña y la Argentina en el siglo XIX,* Solar, Buenos Aires, 1960.

HOSNE, ROBERTO, *Barridos por el viento, historias de la Patagonia desconocida,* Planeta, Buenos Aires, 1967.

—— *En los Andes, historias de héroes, pioneros y transgresores,* Planeta, Buenos Aires, 2000.

—— *Patagonia, leyenda y realidad,* Eudeba, Buenos Aires, 2002.

HUDSON, GUILLERMO, *Días de ocio en la Patagonia,* Peuser, Buenos Aires, 1951.

MORENO, FRANCISCO P., *Viaje a la Patagonia austral,* Solar, Buenos Aires, 1972.

MUSTERS, GEORGE CH., *Vida entre los patagones,* Solar/Hachette, Buenos Aires, 1964.

PAYRÓ, ROBERTO J., *La Australia argentina,* Eudeba, Buenos Aires, 1962.

PIGAFETTA, ANTONIO, *Primer viaje en torno del globo,* Espasa, Buenos Aires, 1941.

WILLIS, BAILEY, *El Norte de la Patagonia,* Parques Nacionales, 1943.

YGOBONE, AQUILES, *Viajeros científicos de la Patagonia,* Galerna, Buenos Aires, 1979.

ZEBALLOS, ESTANISLAO, *Viaje al país de los araucanos,* Solar, Buenos Aires, 1954.

AGRADECIMIENTOS

Archivo General de la Nación

Secretaría de Turismo de la Nación

Fundación Germán Sopeña

Continente

Editorial Viscontea

Baires Magazine

Walter Martinez

Argentina Austral

Centro Editor de América Latina

Editorial Hyspamérica

Swing Editora SRL

Lugar Editorial

Dr. Guillermo Newbery

Sr. Ernesto Newbery

CONTENIDOS

Este libro se terminó de imprimir
en el mes de agosto de 2003 en
Impresiones SUD AMERICA,
Andres Ferreyra 3769. Bs.As. Argentina